LA Madone

DE CAMPOCAVALLO

par l'Abbé DUROSEL

ABBEVILLE

C. PAILLART, IMPRIMEUR-ÉDITEUR

LA
MADONE DE CAMPOCAVALLO

La Madone

DE

Campocavallo

OU

RÉCIT

DES MANIFESTATIONS DE N.-D. DES SEPT-DOULEURS A CAMPOCAVALLO,
DES GUÉRISONS, CONVERSIONS ET FAVEURS DIVERSES
ATTRIBUÉES A SON INTERCESSION,
AVEC UN APPENDICE SUR LE SANCTUAIRE DE N.-D. DE LORETTE

Par l'Abbé DUROSEL

O quam tristis et afflicta
Fuit illa benedicta
Mater Unigeniti !

Oh ! qu'elle fut triste et affligée,
la Mère bénie du Fils unique
de Dieu !

(Prose de N.-D. des Sept-Douleurs.)

ABBEVILLE

C. PAILLART, IMPRIMEUR-ÉDITEUR
des Brochures illustrées de Propagande catholique

1896

AVERTISSEMENT

Nous déclarons, conformément au décret d'Urbain VIII, qu'à tout ce que nous allons rapporter dans ces pages touchant les regards de l'*Addolorata* de Campocavallo, ou les grâces obtenues dans son sanctuaire, nous n'entendons donner que l'autorité humaine, la sainte Église ayant seule le droit de prononcer un jugement sur de pareils faits.

Cependant, pourquoi ne le dirions-nous pas? ces faits ne surprendront point les vrais chrétiens. Quand on se reporte aux apparitions de la Très Sainte Vierge à la Salette, à Lourdes et à Pontmain, ce qui se passe à Campocavallo n'a rien de très étonnant. A la Salette, que dit Marie aux deux petits bergers? « J'ai grand'peine à retenir « le bras de mon Fils outragé par les crimes du monde. » Et elle annonce des châtiments si ces crimes ne prennent pas fin bientôt. Que dit-elle à Lourdes? « Pénitence! « Pénitence! Pénitence! » Et à Pontmain! « Mais priez, « mes enfants; mon Fils se laisse toucher... » Marie a donc menacé, elle a conseillé, elle a exhorté. Quel cas le monde a-t-il fait de ses paroles? Le monde n'a cessé ni de blasphémer le saint nom de Dieu, ni de profaner le dimanche; le monde, loin de faire pénitence, a redoublé d'ardeur pour les jouissances coupables; le monde a de plus en plus abandonné la prière et déserté l'église. Et voilà que maintenant Marie se tait! Elle se contente de pleurer silencieuse, à quelques pas de cette *Santa-Casa* de Lorette, dans laquelle la justice et la miséricorde divines se donnèrent le baiser de paix, il y a bientôt dix-neuf cents ans. Elle pleure, et ses larmes roulent jusque sur le corps de son Fils qui repose inanimé entre ses bras. Elle abaisse ses regards sur Jésus, puis les élève vers le ciel comme pour dire à Dieu : « Ma tâche est accomplie!... « Les hommes n'ont pas voulu m'entendre !... Et main- « tenant, pour apaiser votre colère, je n'ai plus qu'une « ressource, vous présenter ce Fils bien-aimé, couvert de « son sang et de mes larmes... Pitié, Seigneur, par la « passion de Jésus et les douleurs de sa Mère ! »

Est-ce là toutefois l'interprétation des pleurs qui ont coulé dix-huit jours durant sur l'admirable visage de la *Vergine addolorata ?* Rappelons-nous les paroles de Léon XIII dans son Encyclique *Magnæ Dei Matris :* « Celui qui considère la confusion et la corruption des « choses les plus importantes ne s'étonnera pas que les « nations gémissent sous le poids de la colère divine, et « qu'elles frémissent dans *l'appréhension de calamités* « *plus graves encore.* » Ne seraient-ce point ces calamités futures, prochaines peut-être, qu'annonceraient les larmes de Marie? larmes de compassion pour des enfants qui s'obstinent à provoquer les justes châtiments du meilleur des Pères !...

Non, ces faits de Campocavallo, dont on va lire le récit simple et sans apprêts, ne présentent rien de fort surprenant pour qui songe à la mission de la Très Sainte Vierge en ces derniers temps, et au compte que la grande majorité des hommes en a tenu. Puissent du moins ces faits nous instruire et nous inspirer de salutaires ré- flexions! Les Italiens de la Marche d'Ancône semblent comprendre la signification des pleurs et des regards de Notre-Dame : beaucoup se convertissent. Quel que puisse être le jugement de l'Église, ils n'auront pas à regretter leur retour à Dieu. Nous ferons bien de les imiter.

LA
MADONE DE CAMPOCAVALLO

CHAPITRE PREMIER

Campocavallo.

Le pays de Lorette. — *Contadini* et citadins. — Histoire de l'image de l'*Addolorata*.

Campocavallo! Il serait inutile de chercher ce nom sur une carte d'Italie ou dans un dictionnaire géographique : on ne l'y découvrirait pas. Il ne désigne en effet ni une ville, ni une bourgade, ni même un simple hameau, mais une des innombrables petites fermes semées dans la plaine qu'environnent les collines sur lesquelles sont assises les villes de Lorette, Castelfidardo, Osimo, Recanati, dans la Marche d'Ancône, sur les bords de la mer Adriatique.

Campocavallo fait partie du territoire d'Osimo, siège d'un évêché naguère occupé par Mgr Egidio Mauri, aujourd'hui cardinal-archevêque de Ferrare.

C'est après avoir prié dans la Sainte Maison de Lorette que le pieux pèlerin s'achemine vers Campocavallo. La distance entre les deux sanctuaires est d'environ dix kilomètres, par une belle route bordée de plants d'oliviers et de mûriers, de champs en labour et d'habitations de cultivateurs.

Le pays est splendide. « De Lorette en particulier la vue embrasse un panorama qui dut charmer les Anges, les arrêter dans leur vol, et leur faire déposer la *Santa-Casa*. A l'Est, ce lac bleu qui s'appelle l'Adriatique, si peu large, qu'à travers les déchirures de la brume on aperçoit les côtes de Dalmatie ; au Nord, des collines et des rochers abrupts ondulent avec les vallées et les plaines, tandis qu'au Midi et à l'Ouest se dressent les géants des Apennins, le *Gran Sasso d'Italia*, et les monts de la Sibylle, dont les têtes neigeuses resplendissent, empourprées par les feux du soleil.

La population se divise en deux classes très distinctes : le citadin et le *contadino*, paysan habitant la campagne.

Entre les deux, le choix n'est pas difficile, le *contadino* l'emporte sur le bourgeois. Pauvre, il l'est, car sa ferme lui donne à peine le blé, pour faire son pain ; mais c'est un travailleur qui ne recule devant aucune fatigue. Rude de visage, les mains calleuses, on sent en lui l'homme qui peine à la tâche, jouit peu et cependant a ses heures de repos et de joie.

Sa maison est patriarcale. Les vieux murs abritent presque toujours plusieurs générations qui passent tour à tour sous la porte basse, au-dessus de laquelle est l'image du saint le plus aimé, image aux couleurs criardes, au ton joyeux comme le ciel bleu qui la regarde. On n'y est pas au large, il faut l'avouer ; les lits se touchent, les meubles s'entassent et les petits cochons noirs qui ont leurs entrées libres, ont peine à circuler avec les enfants, à travers le fouillis du ménage.

La propreté n'est pas irréprochable, on le pense bien. Ce n'est pourtant pas la force qui manque aux femmes du pays, car elles sont taillées avec ampleur. Pauvres filles d'Eve ! leur tâche est rude. On sent que l'Orient n'est pas loin, cet Orient, patrie de la faute de leur mère, qui est resté la patrie de leur esclavage. Les travaux les plus pénibles ne leur sont pas épargnés. Comme les filles de Laban, elles vont au loin chercher l'eau si rare dans certaines contrées, les jambes nues, vêtues de jupes courtes et empesées. Elles portent gaillardement sur leur tête la cruche pleine, qu'elles balancent d'un mouvement gracieux, comme pour la défier de tomber.

Le dimanche, dès l'aube, ce monde de travailleurs vient au bourg ou à l'église rurale, pour entendre la messe. S'il y a loin, on attelle les bœufs au char que le fiancé a donné en cadeau de noces. Il est peint jusqu'au-dessous des essieux. Sur la planche du devant, est la figure du

saint protecteur de la famille, le plus souvent saint Antoine ; sur les côtés, au milieu d'arabesques éclatantes, le portrait de la maîtresse de la maison. On s'y entasse pêle-mêle, jeunes et vieux ; c'est le repos, après les fatigues de la semaine.

L'après-midi, on se réunit dans les auberges ; on joue, on chante, on danse ; et malheureusement, ces têtes ardentes, peu habituées au vin, s'emportent rapidement : les disputes, les coups de couteau terminent souvent une journée commencée dans la paix et dans la joie.

Autant le *contadino* est travailleur, autant l'habitant

de la ville est paresseux. Le commerce est nul ; l'industrie, inconnue. Aussi le citadin flâne, c'est son métier. L'hiver, s'il fait froid, on se réunit sur la place la plus ensoleillée ; on cause, on rit, on blasphème, — car le blasphème est le péché de l'Italie, — et voilà tout. Ce *farniente* a des conséquences déplorables dont la principale est la misère. A part les employés et les fonctionnaires, à part ceux qui font le commerce des choses nécessaires à la vie, la pauvreté, mais une pauvreté hideuse, règne partout. Mendier est le gagne-pain du grand nombre, surtout dans les villes de pèlerinage où l'étranger est le patrimoine commun.

De plus, tandis que le *contadino* conserve encore vive la foi religieuse qui le console et le soutient dans sa rude existence, le citadin, devenu la proie de la Franc-Maçonnerie qui flatte ses instincts paresseux, en lui faisant espérer de partager un jour les dépouilles des riches, prend la foi en haine. Il ne la perd pas ; non, cette foi est dans son sang, il ne peut pas la perdre, mais il l'outrage et la blasphème. C'est dans ces pays de foi que l'on trouve à son degré le plus intense, la haine de Dieu et du prêtre.

Sur cette terre de Lorette, en particulier, qui est la terre de la Sainte Vierge, on rencontre dans un mélange inouï la foi la plus vive et le blasphème le plus satanique. Les deux extrémités sont unies, le ciel et l'enfer, le chant des Anges sur le berceau de l'Enfant divin et les insultes des pharisiens au pied de la Croix.

Dans la *Santa-Casa,* vous pouvez voir, à toute heure du jour, des hommes et des femmes, jeunes gens et vieillards, riches et pauvres, prosternés à deux genoux, priant avec ferveur, puis baisant amoureusement les murs qui ont vu et entendu à Nazareth cette famille de Dieu sur terre, qui s'appelait : Jésus, Marie, Joseph.

Le cœur est ému. Heureux ce peuple ! dites-vous, il aime Dieu de toute son âme. A peine sur le palier de la basilique, vous entendez les imprécations les plus effroyables, et surtout les blasphèmes les plus grossiers

contre la Sainte Vierge. Nulle femme n'est traitée comme
la Mère de Dieu... on la traîne dans la boue.

Le Tableau miraculeux de Campocavallo.

« Pourquoi s'étonner si elle pleure à Campocavallo et regarde avec douleur ceux pour qui elle a tant souffert (1) ? »

Qu'est-ce donc que cette *Madone de Campocavallo ?* Le lecteur croit peut-être que le merveilleux tient une large place dans son passé ; il n'en est rien : son histoire est des plus simples. Campocavallo, nous l'avons dit, est une ferme très ordinaire, cachée dans la verdure, au pied de la montagne que couronne la ville épiscopale d'Osimo. Au principal corps de logis est accolée une petite chapelle de secours, sans architecture, sans ornements, sans aucun cachet : c'est une salle dont le plafond est un peu plus élevé que celui des autres pièces de la maison. Si l'on en retirait le pauvre petit autel encastré dans une sorte de niche cintrée, blanchie à la chaux comme le reste des murailles, on pourrait se croire dans la grange du métayer.

Il y a dix ou douze ans, le prêtre chargé de célébrer de temps en temps la sainte messe à Campocavallo fit remarquer à son évêque l'extrême pauvreté de la chapelle, et lui demanda l'autorisation d'y placer quelques images pieuses. « Je vous donne carte blanche : faites de votre mieux. » Telle fut la réponse de Mgr Egidio Mauri.

L'abbé Giovanni Sorbellini se procura donc dans une librairie, non des tableaux peints sur toile, mais deux simples oléographies représentant l'une le Sacré-Cœur de Jésus, l'autre Notre-Dame des Sept-Douleurs, une *Pietà,* comme disent les Italiens. L'image du Sacré-Cœur fut attachée sur le mur du côté de l'Evangile, et la *Pietà,* ou *Madonna addolorata,* sur le mur du côté de l'Epître. Le dimanche suivant, les *contadini* des environs s'extasiaient devant la beauté de leur *chiesuola,* c'est-à-dire de leur petite église : c'était superbe en comparaison du passé.

---

(1) R. P. Mortier : *Le mouvement des yeux de l'Image de Notre-Dame des Sept-Douleurs.*

Comme on le voit, rien n'est plus simple que l'histoire de cette image devenue si célèbre depuis le mois de juin 1892. Ce n'est pas d'ailleurs un chef-d'œuvre que ce tableau mesurant 50 centimètres de hauteur sur 38 de largeur; mais il est fort pieux. La Très Sainte Vierge y est représentée assise au pied de la croix et tenant entre ses bras le corps inanimé de Notre-Seigneur, son divin Fils. Le visage de la Madone exprime bien les sentiments de son cœur maternel transpercé de sept glaives; les yeux grands ouverts sont levés vers le ciel, et se détachent d'autant plus nettement que la moitié de la prunelle, d'un noir foncé, tranche vivement avec le globe blanc. Placé en pleine lumière, à la hauteur de deux mètres tout au plus, le tableau est parfaitement en vue; on peut regarder la sainte Madone les yeux dans les yeux : à droite, à gauche, en face, on la voit telle qu'elle est, sans qu'il y ait lieu à aucune illusion d'optique.

Maintenant que nous avons dit un mot du pays, de ses habitants, de la chapelle et de la sainte image, nous pouvons arriver aux faits merveilleux dont nous devons parler dans ces quelques pages.

CHAPITRE II

Les Manifestations merveilleuses.

Journées des 16 et 17 juin 1892. — Défiance du clergé. — La foule accourt. — Les gendarmes à Campocavallo. — Un témoin qui doit avoir bien vu. — Machination d'un libre-penseur. — Châtiment d'un hypocrite. — Le Préfet d'Ancône à Campocavallo. — Intervention de l'Evêque d'Osimo. — Constitution d'un tribunal ecclésiastique. — Quelques témoignages entre mille. — Deux récits détaillés.

Le jeudi, 16 juin 1892, jour de la Fête-Dieu, ou du *Corpus Domini,* comme l'on dit en Italie, un orage épouvantable se déchaîna sur Lorette, Osimo et les campagnes environnantes. Quelques personnes, soit pour satisfaire leur piété, soit pour s'abriter de la tourmente, entrèrent dans la chapelle de Campocavallo et se mirent à prier devant l'image de la *Madonna addolorata.*

Tout à coup, l'une d'elles, une vieille femme, pousse un cri d'étonnement : elle vient d'apercevoir des larmes qui s'échappent des yeux de la Sainte Vierge et qui roulent jusque sur le corps de Jésus, qu'elle soutient entre ses bras. « Regardez donc, dit-elle à ses compagnes, la « Madone pleure ! » Toutes constatent le fait. ce qui d'ailleurs n'était pas difficile, jettent force exclamations et appellent le gardien de la *Chiesuola,* qui n'en peut croire ses yeux.

Aussitôt on dépêche quelqu'un à Osimo, pour avertir de ce qui se passe le prêtre chargé de desservir la chapelle, celui-là même qui avait fourni de ses propres deniers la pieuse image. Il reste absolûment incrédule.

Le lendemain, de grand matin, il crut cependant utile de descendre à Campocavallo, pour y célébrer la messe. Il reconnut qu'il y avait réellement sur le visage de la Madone une sorte de transpiration ; mais l'attribuant à quelque cause naturelle qu'il ne pouvait expliquer, il ne se prononça point et se garda bien de parler de *miracle* devant les *contadini*.

Toutefois les premiers témoins ne s'étaient pas crus obligés à la même discrétion que le prêtre, et, en fort peu de temps, le pays avait appris la grande nouvelle : « La Madone de Campocavallo pleure ! »

Aussi, dans l'après-midi du vendredi, 17 juin, une foule de personnes, accourues à la chapelle, se pressaient autour de la sainte image. Vers deux heures, un cri s'échappe de toutes les poitrines : hommes, femmes et enfants, tous, sans exception et au même instant, viennent de voir remuer les yeux de la Madone. L'émotion est générale ; chacun prie avec une ferveur que l'on conçoit aisément.

De nouveau on envoie un exprès vers le prêtre desservant la chapelle. Celui-ci se rend à l'évêché, et rapporte fidèlement à Mgr Mauri tout ce que vient de lui déclarer un témoin oculaire. L'évêque d'Osimo, prélat aussi prudent que pieux et savant, ordonne au clergé de demeurer étranger aux démonstrations de piété qui commençaient à Campocavallo, faisant observer très justement que si la Très Sainte Vierge voulait se manifester en ce lieu, elle saurait bien donner, un jour ou l'autre, des preuves indéniables de sa présence.

Le clergé se le tint pour dit, mais la foule affluait à Campocavallo. A la vue du merveilleux mouvement des yeux qui continuait à se produire par intervalles, on se dépouillait de ce que l'on avait sur soi de plus précieux : l'un détachait sa montre avec sa chaîne, un autre ôtait ses bagues, d'autres enlevaient leurs boucles d'oreilles, et le tout s'entassait aux pieds de la Madone. On apportait jusqu'à des rouleaux de toile neuve.

La police, on le pense bien, ne pouvait se désintéresser des rassemblements journaliers de Campocavallo. Elle envoya donc ses gendarmes à la chapelle, pour y assurer l'ordre. Ces bons gendarmes !... ils virent, tout comme les simples *contadini* et les pieuses campagnardes, le mouvement des yeux de la sainte image ; ils virent même si bien que leur maréchal-des-logis, émerveillé, enleva sa chaîne et sa montre d'or pour les offrir à la *Madonna*. La garde du sanctuaire fut une vraie sinécure. Plaise à Dieu que les gendarmes d'Osimo n'aient jamais d'émotions plus désagréables que celles des derniers jours de juin 1892 !

Cependant les journées se succédaient et le prodige du mouvement des yeux de l'*Addolorata* ne cessait pas de se produire en présence des multitudes qui envahissaient la *Chiesuola di Campocavallo*. Le 20 juin, un enfant de dix-huit mois, fils du domestique d'un prélat français en résidence à Lorette, s'écriait en cherchant à s'élancer des bras de sa mère vers le saint tableau : « Oh ! oh ! la Ma-« donna ! Comme elle fait ! » Et il ouvrait et fermait les yeux pour bien montrer aux assistants ce qu'il voyait lui-même. A dix-huit mois, l'imagination n'exerce pas une puissance bien sensible, et l'on n'a guère à redouter ses illusions : si le bébé mimait ainsi la Sainte Vierge, il fallait bien qu'il aperçût dans l'image quelque chose d'extraordinaire.

L'impiété, cela va sans dire, devait prendre ombrage à la nouvelle des faits de Campocavallo. Elle n'eut rien de plus pressé que de chercher à empêcher les fidèles de se rendre au sanctuaire. Voici l'un des petits moyens qu'elle imagina :

Un libre-penseur, occupant à Lorette une situation assez en vue, entreprend un jour de jouer la dévotion et se dirige pieusement, un beau cierge à la main, vers Campocavallo. Il voulait, disait-il, faire brûler ce cierge devant la *Madonna benedetta*. On essaye de l'allumer. Vains efforts. On finit par en retrancher un bout, dans l'espoir que la cire serait meilleure plus bas et que la mèche s'enflammerait plus facilement. L'on s'aperçoit alors que ce cierge est rempli de poudre à canon... Le malheureux avait voulu faire sauter la chapelle ; mais

la sainte Madone veillait, et aucun accident ne se produisit.

Un autre fervent disciple de Voltaire, homme de la haute société, voulut aussi tourner les miracles en ridicule, et se rendit à la chapelle de Campocavallo. Il descend de sa riche voiture, simule l'infirmité, et s'avance, appuyé sur deux béquilles. Arrivé dans le sanctuaire, devant le tableau miraculeux, il fait semblant de prier, d'implorer la grâce de sa guérison. Au bout de quelques instants, il se redresse, crie : « Miracle ! » et va suspendre ses béquilles près du tableau de la sainte Madone. Tout le monde s'unit à lui pour remercier la Très Sainte Vierge. Elle

Première manifestation, le 16 juin 1892.

réservait à l'impie un prodige auquel il ne s'attendait pas : en remontant dans sa voiture, cet homme fait un faux pas et se casse une jambe. L'accident le fait rentrer en lui-même ; il avoue publiquement sa faute et ses coupables intentions, tandis qu'autour de lui l'on murmure : « La Sainte Vierge a été bien indulgente ; il doit « la remercier de ce qu'il ne s'est pas brisé les deux « jambes. »

Nous avons vu les gendarmes à Campocavallo ; voici maintenant un autre personnage dont la présence pouvait entraîner de fâcheux résultats. Le préfet d'Ancône s'y rendit un jour avec la résolution bien arrêtée de fermer la chapelle. Il ordonne qu'on dépende le tableau, afin de pouvoir l'examiner plus à son aise. Pendant deux heures et demie il se le fait tenir devant lui, par un jeune *contadino*, et n'en détache pas un instant ses regards. Que vit-il ? Que ne vit-il pas ? Le préfet n'en souffla mot, et il reprit le chemin d'Ancône sans même laisser entrevoir aux assistants ses projets de fermeture.

Mais en présence de l'affluence toujours croissante des pèlerins, l'évêque d'Osimo ne pouvait pas se tenir indéfiniment à l'écart. Il vint donc, à plusieurs reprises, se rendre compte par lui-même de ce qu'on lui rapportait journellement. Dans une de ses visites, le pieux prélat ayant commencé à réciter, les yeux fixés sur l'*Addolorata*, les litanies de Lorette, se prit à verser des larmes et dut cesser la prière à haute voix. Sa Grandeur ne révéla à personne le motif de sa vive émotion ; mais il permit au prêtre donateur du tableau de demeurer à Campocavallo pour diriger le pèlerinage naissant. A son retour dans sa ville épiscopale, il constitua un tribunal ecclésiastique chargé de recueillir les témoignages qu'on lui apporterait désormais touchant les faits de Campocavallo.

Les dépositions n'ont pas manqué. Si nous voulions les consigner depuis la première jusqu'à la dernière, ce volume ne suffirait probablement pas.

Voici, prises au hasard parmi des centaines d'autres, quelques attestations qui nous semblent claires et significatives. Nous les empruntons, pour la plupart, à l'*Eco della devozione a Maria Santissima* :

« Je, soussigné, docteur Giovanni Marcangeli, médecin-chirurgien de Monsano, déclare comme la pure vérité, que deux fois étant allé visiter l'image de l'*Addolorata* de Campocavallo, la première fois, j'observai des changements dans la cornée de l'œil gauche, la seconde fois, dans tous les deux. Je remarquai le mouvement d'une manière si évidente, que je suis prêt à l'attester par serment. Je me trouvais tout près de l'image, par conséquent, je ne me pouvais tromper ni alléguer l'excuse de la fatigue de la vue. En foi de quoi, etc... »

Dr GIOVANNI MARCANGELI,
Médecin-Chirurgien de Monsano.

Voici le témoignage de M. Frontalini, d'Osimo :

« Je me suis rendu aujourd'hui, 13 juillet 1892, et pour la sixième fois, à Campocavallo. J'ai observé la belle image de Marie Addolorata, et j'ai vu, comme je vois le soleil, qu'elle tournait et retournait la prunelle des yeux. Je le dépose par serment, et, pour le prouver, je serais prêt à donner tout le sang de mes veines. »

EMMANUEL FRONTALINI, d'Osimo.

Le comte docteur Cristophe Ferretti, d'Ancône, en date du 11 juillet 1892, atteste ainsi :

« Comte docteur Cristophe Ferretti, d'Ancône, jure d'avoir vu lever et abaisser l'œil gauche plusieurs fois et tous les deux une fois. »

Le R. P. Piccini, gardien du couvent d'Assise, dépose ainsi, en date du 21 juillet 1892 :

« Je, soussigné, déclare qu'étant allé visiter l'image de Marie Addolorata, le 21 du susdit mois, en cette église de Campocavallo, je l'ai vue tourner les yeux. Je suis prêt à confirmer ce fait par serment, s'il est besoin, comme étant la pure vérité. »

P. ALPHONSE PICCINI,
Gardien du Couvent d'Assise.

Le P. Carassaï, prêtre, a fait la déposition suivante :

« 21 juillet 1892. Je, soussigné, déclare être venu en cette petite chapelle de Campocavallo pour voir le prodige du mouvement des yeux de la Vierge, et j'atteste l'avoir vu parfaitement, tant la première fois, 27 juin, que le 4 courant et aujourd'hui même. Je déclare encore être prêt à ratifier, par n'importe quel serment, ce que j'ai vu. »

Fr. FRANÇOIS CARASSAÏ, M. C.

Dom Nicolas Catini, de Saint-Elpidio, témoigne ainsi :

« Je, soussigné, curé de Sainte-Marie de la Cerva, territoire de Saint-Elpidio, à Mare (Fermo), atteste qu'étant allé visiter deux fois l'image de l'*Addolorata* qui se vénère en cette chapelle, le 7 juillet 1892, j'ai vu plusieurs fois se mouvoir la prunelle des yeux de la dite image et même les paupières. »

NICOLAS CATINI, Curé.

« 12 mai 1893. Venue de Belgique pour voir la Vierge miraculeuse de Campocavallo, je crois pouvoir assurer que, le mardi 9 mai, après avoir attendu une bonne demi-heure, j'ai vu les yeux de la Très Sainte Vierge se fixer sur moi avec un regard très vif et très pénétrant. Ce regard m'a profondément émue, attendu que les yeux de la Vierge se sont fixés sur moi pendant quelques instants. »

AGNÈS BECKERS, de Bruxelles.

« 2 juin 1893. Je, soussigné, Vincent Ruygero, archiprêtre et curé de Maranola, diocèse de Gaëte, dans l'intérêt exclusif de la vérité et pour la gloire de Dieu tout-puissant et de sa Mère très chérie, j'atteste que, ce matin,

pendant tout le temps de la célébration de deux messes
consécutives dans cette chapelle de Campocavallo, j'ai
remarqué plusieurs fois que les yeux de la Madone s'ou-
vraient et se fermaient, et que, à certains moments, les
pupilles étaient en mouvement sur l'image de Notre-
Dame des Sept-Douleurs vénérée en cette chapelle. Entre
temps, j'ai vu les yeux, qui ordinairement sont fixés vers
le ciel, s'abaisser et me regarder, de telle sorte qu'ils
ne laissaient plus du tout apercevoir le blanc qui se
remarque au-dessous des pupilles. J'atteste tout ceci sous
la foi du serment. »

Vincent Ruggero,
Archip. Miss. apost.

« 7 juin 1893. Je, soussignée, certifie avoir vu l'image
de la Très Sainte Vierge des Sept-Douleurs de Campocavallo mouvoir les yeux : d'abord les tenant élevés vers
le ciel, puis les abaissant vers la terre, et je suis prête à
assurer par serment ce que je déclare avoir vu. »

Marguerite Altirozzi, de Sienne.

« 26 juin 1893. Je, soussigné, certifie avoir vu aujour-
d'hui, vers midi, la prodigieuse image de la Très Sainte
Vierge des Sept-Douleurs, dans ce sanctuaire de Campocavallo. Je me suis approché de l'image, après avoir
entonné les litanies, sur les instances d'une personne
pieuse, et tout à coup, à mon grand étonnement, j'ai vu
les yeux de cette image s'ouvrir et se fermer plusieurs
fois. En foi de quoi, etc. »

Alfred Fazi,
Professeur à Monsano.

« 9 août 1893. Le soussigné déclare avoir visité l'image
de la Très Sainte Vierge Marie des Sept-Douleurs de
Campocavallo, et avoir observé le mouvement réitéré de
l'œil gauche et même une fois de l'œil droit en sens vertical, et cela avec évidence, et sans crainte de s'être
trompé. Il ajoute qu'en même temps que lui une de ses

paroissiennes, qui l'accompagnait, a constaté le même mouvement. »

D. Félix Doct, C^e Bolognesi,

Curé de St-Etienne, à Ferrare.

« Moi, soussigné, j'atteste avoir vu bien des fois, dans la chapelle de Campocavallo, l'image de la *Vergine addolorata* lever et baisser les yeux. Je l'ai vue sans pouvoir me tromper, et j'en suis si certain que je suis prêt à confirmer encore ce que j'ai dit sous la foi du serment. Je n'étais pas complètement incrédule ; mais je confesse pourtant que je croyais peu de chose. Ayant vu ce prodige, j'ai été affermi dans la foi, et maintenant je suis chrétien pratiquant. En action de grâces à la *Vergine addolorata*, j'ai résolu de faire à mes frais la croix qui doit surmonter la nouvelle église, et j'en ai déjà parlé au curé qui s'en occupe, afin qu'il m'en puisse dire les proportions. En foi de quoi j'ai signé. »

F. E..., de P. M.

Nous n'aurions aucune peine à multiplier ici les attestations, puisqu'elles ne se comptent plus. Terminons ce chapitre par deux relations un peu détaillées. La première émane d'un personnage qui n'est pas, comme l'on dit parfois, *le premier venu :* c'est celle de M. Léonz Niderberger, commandeur de l'ordre pontifical de Saint Grégoire-le-Grand et directeur des journaux illustrés « *Der Katholische Welt,* » « *Der Rosenkranz,* » « *Gott Willes.* »

« Je quittai Rome, où j'avais eu l'immense bonheur d'être reçu en audience particulière par Sa Sainteté Léon XIII et je me rendis directement à Lorette. J'y arrivai le 15 juin, dans l'après-midi. Le lendemain samedi, je fis mes dévotions dans la *Santa Casa,* après quoi je partis pour Campocavallo, où j'arrivai vers trois heures. Je dois avouer que j'étais alors d'assez mauvaise humeur, à cause des Loretains qui avaient produit sur moi la plus déplaisante impression. Je n'entrai pas immédiatement dans la chapelle, voulant d'abord en examiner à loisir l'extérieur et les alentours. Rien d'extraordinaire : pauvreté, poussière, misère, mendicité, voilà tout. Une vieille femme vint me proposer des cierges pour les faire

brûler devant la sainte image ; elle ne dut pas être fort satisfaite de ma réponse, mais j'espère que la Sainte Vierge ne m'en voudra pas trop, car mon agacement approchait de la colère. Ma disposition n'était donc pas très bonne, et je ne me sentais pas la moindre dévotion.

« Etant enfin entré dans la chapelle, je me bornai à examiner minutieusement les nombreux *ex-voto* dont les

Intérieur de la chapelle de Campocavallo.

murs sont revêtus ; je ne regardai point la Madone et je ne priai pas non plus. Au bout d'une demi-heure, je dus sortir à cause de la chaleur étouffante. Dix minutes après, je rentrai dans le petit sanctuaire, et, cette fois, m'avançant vers la balustrade, je commençai à regarder l'image de l'*Addolorata*. Comme je suis myope, je me servis d'un fort binocle qui me permettait de voir clairement le visage de la Madone. Sa figure me plaisait : je lui trouvais une expression très digne et en même temps très pieuse. *Ses yeux étaient grands ouverts, élevés vers le ciel*, de telle sorte qu'*une large raie blanche apparaissait au-dessous des prunelles*. Je la regardai fixement, dix minutes durant, debout, non comme un pieux pèlerin, mais plutôt comme un juge cherchant à découvrir quelque supercherie. Une dame française qui priait à ma gauche, me coudoya en me disant, les yeux pleins de larmes : « Mais, Monsieur, vous ne voyez donc pas « comme elle vous regarde?... Ses yeux ne vous quittent « pas... — Non, Madame, lui répondis-je, je ne remarque « absolument rien. » Je me retirai ensuite dans le fond de la chapelle, et je commençai à réciter mon rosaire de 150 *Ave,* ainsi que j'ai coutume de le faire chaque jour. Quand j'eus à peu près terminé, je m'avançai de nouveau vers la balustrade. A peine avais-je arrêté mon regard sur le visage de la Madone que je vis ses yeux *abaissés de telle façon que la partie blanche du globe de l'œil avait entièrement disparu :* je ne voyais plus que les prunelles fixées sur moi. La Sainte Vierge me regardait avec une indéfinissable expression de douleur.

« Aussi l'impression que j'éprouvai fut tellement triste que je sentis un frisson parcourir mon corps. Tout tremblant, je me jetai à genoux, le cœur déchiré et plein de repentir. Deux fois seulement en ma vie j'ai éprouvé un sentiment pareil : la première fois, en 1891, quand je vis, à Trèves, la sainte Tunique de Notre-Seigneur ; et la seconde fois, à Rome, en gravissant à genoux les degrés de la *Scala Sancta*.

« Lorsque la foule se fut écoulée, je restai avec le sacristain dans la chapelle. Je pénétrai alors derrière la balustrade, et, montant sur un escabeau, je m'approchai aussi près que possible de la sainte image ; je pouvais la toucher de la main et la voir sans le secours de mon binocle. Je présentai à la Madone les portraits de ma femme et de ma petite fille Marie, dont nous attribuons la guérison d'une cruelle maladie de cinq mois à la Reine du Rosaire de *Valle di Pompeï*, et à l'*Addolorata de Campocavallo*. Les portraits, surtout celui de l'enfant, eurent un regard très doux et tout maternel.

« Je repris le chemin de Lorette. Malgré ce que j'avais vu, je n'étais pas satisfait, je ne voulais pas croire, et je me sentais hanté par la crainte d'une illusion soit naturelle, soit diabolique.

« Le lendemain dimanche, 17 juin, après m'être confessé, je passai la matinée dans la *Santa Casa*, décidé à ne plus retourner à Campocavallo, à cause de l'angoisse indicible que me donnait le regard douloureux de la Madone. Après déjeuner, je voulus faire une promenade, et, en descendant la colline de Lorette, je rencontrai un paysan qui s'en allait à Castelfidardo. Je montai dans sa méchante carriole. Chemin faisant, je questionnai mon compagnon sur les faits merveilleux de Campocavallo. Il se montrait croyant. Arrivé à Castelfidardo, je me mis à examiner le paysage, et, au loin, dans la plaine, j'aperçus Campocavallo. Je me sentis aussitôt tourmenté par le désir d'y aller une seconde fois. Je me mis donc en route par une chaleur étouffante. Pendant le trajet, la pensée me vint de réciter mon rosaire et de marcher pieds nus, en l'honneur de l'*Addolorata*. « En supposant que les « faits de Campocavallo ne soient pas réels, me disais-je, « Marie est quand même la Mère de Dieu, et elle mérite « bien que tu fasses un peu de pénitence pour l'honorer. » Quelques passants se moquaient de moi, mais j'étais indifférent à leurs railleries : à côté de ces pauvres gens, je me sentais toujours grand seigneur, et gare à celui qui eût osé exciter ma colère !... Suisse robuste, je suis taillé de façon à ne pas redouter un Italien.

« A la chapelle je trouvai bon nombre de pèlerins, surtout des femmes qui me regardaient tout ébahies. Pour déconcerter leur curiosité, j'allai me blottir dans un coin du petit sanctuaire et je commençai la récitation de mon chapelet. Bientôt le prêtre-gardien arriva ; on récita le chapelet des Sept-Douleurs ; on chanta le *Stabat Mater*. Le pauvre peuple y mettait beaucoup de dévotion. Pendant ce chant, j'examinai le visage de la Madone. Il me sembla que ses regards se dirigeaient, *non de haut en bas, comme la veille, mais de gauche à droite et vice versa.* Aussi sa figure avait une expression moins triste et moins douloureuse. La bénédiction du Très Saint Sacrement vint détourner mon attention. « Voici Notre-Seigneur, « me disais-je, voici Jésus-Hostie. Là, il y a un miracle « bien réel auquel nous devons croire ; quant à l'autre, « je n'ai pas à le juger ; c'est l'affaire de l'Eglise, et je « serai toujours soumis à ses décisions. » Après la bénédiction, je montai dans l'appartement du Rév. Dom Sorbellini, pour remettre mes chaussures. Il y avait là deux prêtres, professeurs à Osimo. Ils me demandèrent si j'avais vu quelque chose. Ma réponse fut que je croyais bien avoir vu, mais que je refusais de donner par écrit mon témoignage, craignant d'assumer une terrible responsabilité dans le cas où je m'abuserais moi-même et où j'en induirais ainsi beaucoup d'autres en erreur.

« Pour croire fermement, leur dis-je, il faut que je « voie la Madone me regarder au gré de mes désirs et « sur mon commandement. Si je la prie de me regarder « et qu'elle le fasse aussitôt, je conviendrai alors qu'une « force intelligente, une cause absolument surnaturelle « fait mouvoir les yeux de cette image. »

« Sur ce propos, les prêtres se mirent à rire, en me disant que cette demande serait un peu hardie, que la Mère de Dieu n'était pas aux ordres du premier venu, et qu'elle ne se laissait pas commander ainsi, même par un *Commandeur*.

« Ce n'est pas précisément pour moi, répliquai-je, que
« je réclame cette faveur. Pour ma part, je n'ai besoin ni
« de ce miracle, ni d'aucun autre, pour croire et accepter
« de grand cœur tout ce qui peut tourner à la gloire de
« Marie que j'ai tant aimée depuis ma plus tendre enfance ;
« mais en ma qualité de rédacteur et de publiciste, je tiens
« à acquérir *une entière certitude* avant d'oser écrire une
« ligne sur un sujet si délicat, surtout dans un pays
« (l'Allemagne et la Suisse) où les protestants sont en
« majorité. »

« Nous parlâmes encore en ce sens durant quelques
instants, puis Dom Sorbellini nous invita à visiter les
constructions de la magnifique église que l'on bâtit à
Campocavallo en l'honneur de l'*Addolorata*. En descendant, nous dûmes traverser la petite chapelle ; je me sentis alors entraîné par une force mystérieuse vers la sainte
image et je m'en approchai, promettant à mes compagnons de les rejoindre sous peu de temps. Debout devant
le saint tableau, je répétai *intérieurement* ce que je venais
de dire devant mes deux interlocuteurs. *Au même instant, je vis les yeux de la Madone s'abaisser et se fixer
sur moi ;* son visage prit une expression si fière, si triom-
phante, si majestueuse que je me mis à trembler et tombai
à genoux en pleurant. Des pèlerins me demandèrent si
j'avais vu quelque chose ; je ne leur répondis pas : je
croyais, je priais, je pleurais à chaudes larmes. Combien
de temps ai-je alors passé devant la sainte image ? Je ne
sais. Ma visite dut être assez longue, car un enfant vint
m'avertir que mes compagnons m'attendaient.

« Les trois prêtres furent sans doute frappés d'un
changement opéré dans ma physionomie : en m'apercevant ils me dirent tous ensemble : « Vous avez vu ? —
« Oui, répondis-je ; cette fois j'ai bien vu, et maintenant
« je crois. » Bientôt je pris congé de ces Messieurs pour
aller prier encore devant l'*Addolorata*. Je ne remarquai

plus rien ; du reste, je ne souhaitais plus voir : mon seul désir était de prier et de me repentir de toutes mes fautes.

« Je ne revins à Lorette que très tard dans la soirée. Je me trouvais dans un état lamentable : angoisse, repentir, peur et joie inondaient à la fois mon âme ; il m'était impossible de m'endormir. Bien que j'eusse vu de mes yeux, selon mes désirs, sur mon commandement, j'hésitais encore à croire, redoutant toujours quelque illusion naturelle ou diabolique. Enfin je me dis à moi-même : « *Non in commotione Dominus*, le Seigneur n'est pas au « milieu du bruit : je veux oublier tout cela et attendre « le jugement de l'Église. »

« Le lundi 18 juin, pour la troisième fois, je retournai à Campocavallo en compagnie de deux prêtres allemands. L'un d'eux ne vit rien ; l'autre ne pouvait détacher ses regards de l'*Addolorata* et priait avec ferveur. Il me dit après que son cœur débordait de joie et de douce consolation. Pour moi je n'éprouvais que tristesse, angoisse indicible, peur et frisson chaque fois que la Madone arrêtait sur moi ses regards. La dame française dont j'ai déjà parlé, se trouvait encore là ; elle me dit à plusieurs reprises : « Elle vous regarde constamment ; aussitôt que « vous êtes entré, elle a fixé les yeux sur vous avec une « expression pleine de tendresse. » Comme je n'étais pas seul, cette dernière visite fut courte. Quand je fis mes adieux à la sainte Madone, il me sembla voir encore ses yeux s'abaisser sur moi ; mais ce regard douloureux me produisait une impression des plus pénibles : on eût dit le dernier regard d'une mère mécontente d'un fils qui lui a causé beaucoup de chagrin, et qui pourtant reste toujours son fils.

« Dans la nuit du 18, je partis pour Venise et Padoue, et, après quinze jours de voyage, je revins chez moi. J'avais pensé que mes douloureuses impressions de Campocavallo se dissiperaient en route ; il n'en fut rien : les regards de l'*Addolorata* me suivaient partout, et il me vint un sentiment de dévotion que je n'avais pas éprouvé dans son sanctuaire. En revoyant ma pauvre petite fille que j'avais quittée encore malade, et qui maintenant m'attendait avec sa mère, à la gare, *marchant seule, pleine de vie, de santé et de joie,* je me dis : « Que le mouvement « des yeux de la Madone soit ou non attribuable à quelque « illusion, *la guérison de cette enfant est un fait accom-* « *pli, indéniable, attesté par tous nos voisins.* »

« J'ai attendu un mois entier avant d'écrire ces lignes, afin qu'on ne puisse pas dire que j'ai agi dans le premier mouvement d'une exaltation mystique. Je suis donc très calme, et pour ma part, *je crois* qu'il y a vraiment à Campocavallo *une intervention directe* de la miséricordieuse Mère de Dieu. Mais comme l'Église ne s'est pas encore prononcée sur ces faits merveilleux, *je soumets tout ce que j'ai écrit au jugement de la sainte Église catholique, apostolique et romaine, dont je veux demeurer toujours le fils obéissant et dévoué.*

« A Notre-Dame des Sept-Douleurs de Campocavallo, hommage, amour et reconnaissance !

« Léonz Niderberger,
« Commandeur de l'Ordre pontifical de Saint Grégoire-le-Grand, Directeur des journaux illustrés « *Der Katolische Welt,* » « *Der Rosenkranz,* » « *Gott Willes.* »

Le second témoignage détaillé que nous voulons consigner ici est celui du R. P. Mortier, de l'ordre des Frères-Prêcheurs. Si les précédents avaient paru fastidieux au lecteur, celui-ci à coup sûr l'intéressera :

« A l'époque des fêtes jubilaires du Souverain Pontife, au mois de février dernier, un prêtre du diocèse d'Angers vint habiter à Rome, dans la maison où je demeurais. Il me parla des faits de Campocavallo, me fit lire une brochure sur ce sujet, et me donna une image de l'*Addolorata.* La brochure me mit en défiance ; cependant, la petite image, très pieuse, me charma, et le soir, me mettant à genoux devant elle, je dis simplement à la Sainte Vierge : « Ma bonne Mère, si je vais vous voir, « me regarderez-vous ? »

« Je n'avais, à cette époque, aucun projet bien arrêté de me rendre à Campocavallo. Il me fallait auparavant l'autorisation du Révérendissime Père Général. Des circonstances imprévues, — le bon Dieu se sert de tout pour arriver à ses fins, — précipitèrent mon départ de Rome, et m'obligèrent à aller me fixer à Lorette pour quelque temps. J'y arrivai le samedi 18 mars.

« Après avoir fait mes dévotions à la *Santa-Casa,* je pensai à Campocavallo, mais sans désir bien pressant de m'y transporter. A Lorette, je me trouvais dans un milieu qui me fit plus défiant que jamais (1) : excès de crédulité d'une part, à ce que je pensais ; excès d'incrédulité d'autre part.

« De plus, mon habit de dominicain fit un effet désastreux. Je venais de Rome ; je gardais un silence prudent, on pensa que j'étais un envoyé de l'Inquisition, chargé d'étudier ce qui se passait et ce qui se disait à Campocavallo... C'était un excès d'honneur, pauvre hère que je suis !

« Arrivé le 18 à Lorette et ravi par la *Santa-Casa,* j'oubliai presque Campocavallo, et je ne m'y rendis que le 21 ou le 22. Ma mémoire n'est pas très sûre. Je fis route avec un excellent prêtre français, charmant compagnon, dévoué à la Sainte Vierge, mais loin d'être convaincu du miracle de l'*Addolorata.* On plaisante, on rit et finalement à travers la grande plaine parsemée de fermes, on arrive à la chapelle. J'entre. Peu de monde. Devant la sainte image, un groupe de paysans, hommes et femmes, les yeux fixés sur l'*Addolorata* et disant leur chapelet. Un petit vieux, la tête entourée de bandelettes, priait à haute voix ; il pleurait, se lamentait à fendre l'âme :

---

(1) J'habitais à Lorette, chez les Religieuses françaises de Notre-Dame de Charité au refuge Saint-Joseph. Ces saintes Filles du V. P. Eudes donnent l'hospitalité aux pèlerins, hospitalité précieuse à l'étranger. — On trouve également chez elles des images de Notre-Dame de Campocavallo dont elles propagent ardemment le culte. Les Religieuses se chargent de les faire toucher aux yeux de la Madone.

« Sainte Vierge, *mamma mia !* faites-moi cette grâce. »
Il demandait évidemment la guérison d'un mal douloureux.

« Je me mis à genoux devant l'image, à peu de distance,
et je commençai mon rosaire, sans la moindre émotion.
Après quelques instants, toujours à genoux, je fus surpris
de voir les yeux de l'image fixés sur moi, tandis qu'à mon
arrivée, elle les avait levés au ciel. Je me relevai, croyant
à une illusion. Debout, près de la balustrade, à deux pas
de l'image, je constatai d'abord que les yeux étaient
grands ouverts, levés au ciel, puis je vis la Madone baisser
les yeux, les fixer sur moi, et doucement, majestueuse-
ment, fermer entièrement les paupières. Je ne fus point
troublé. Quatre ou cinq fois, le même prodige se reproduisit. Quoique gardant un grand calme, il paraît que
ma physionomie s'était transformée, car mon incrédule
compagnon, me tirant par la manche, me dit : « Vous
voyez. » Je fis brûler un cierge et nous partîmes.

« En route, pressé par mon compagnon, je lui dis ce
que j'avais vu ; et, malgré cela, je lui fis part de mon
intention de garder le silence, jusqu'à nouvel examen.
En arrivant à Lorette, on me questionna discrètement,
mais inutilement : je fus muet. Ce qui augmenta encore,
à mon insu, ma réputation d'Inquisiteur !

« J'avais vu ; mais, avant de me prononcer, je voulais
voir encore ; aussi, j'avais quitté la chapelle sans faire la
moindre déposition. J'attendis *quinze jours* avant de
retourner à Campocavallo, afin que l'impression première
fût entièrement dissipée.

« Le mardi de Pâques, 4 avril, dès six heures du matin,
je quittai Lorette avec mon inséparable incrédule, déjà
vacillant cependant. Connaissant mes défiances et mes
précautions, il avait été frappé de mon affirmation. La
matinée était délicieuse. Dans cette contrée, le mardi de
Pâques est encore une grande fête, les routes étaient
sillonnées de chars. On allait à la messe, les uns à Lorette,
les autres à Osimo, quelques-uns à Campocavallo. A mon

arrivée, la première messe finissait ; j'eus peine à passer dans la sacristie pour revêtir les ornements, tant la foule était compacte. Ma messe terminée, j'entrai, pour faire mon action de grâces, dans le petit espace réservé près de l'image, et entouré d'une balustrade. Je regardai la figure de l'*Addolorata*. Rien de particulier : elle avait les yeux levés au ciel. On me passait des chapelets, des images, du pain pour faire toucher à la Madone. Les femmes me donnaient jusqu'à leur mouchoir de tête...

« Je me retirai quelques instants après, pour déjeuner. La foule s'écoula et quand je rentrai dans la chapelle, sain et dispos, il n'y avait plus que quelques personnes. Je commençai mon rosaire, debout, appuyé contre la balustrade, à deux pas de l'image. Je la regardai quelques secondes, par intervalle, puis, voulant à tout prix éviter la moindre illusion, je regardais ensuite à côté, de la manière la plus indifférente, afin qu'il n'y eût dans mes yeux ni trouble ni fatigue.

« Je vis distinctement la sainte image baisser les yeux, les fixer longuement sur moi, puis, avec cette lenteur majestueuse que j'avais remarquée la fois précédente, fermer doucement les paupières. Ce mouvement des paupières est lent, plus lent que nature, car ordinairement le mouvement des paupières est précipité. Je ne fus pas ému. La pensée de la certitude que je désirais, dominait tous les autres sentiments. Je changeai de place : le prodige se reproduisit. J'allai à droite, à gauche ; j'entrai dans l'espace réservé, tout près de l'image, et chaque fois, je vis les yeux de la Madone, d'abord levés au ciel, se baisser, se fixer sur les miens, et les paupières se fermer avec une angoisse indicible.

« Alors, voulant en finir avec mes doutes, j'engageai contre la Sainte Vierge une lutte extraordinaire. J'étais debout devant l'image ; je dis intérieurement : « Ma « bonne Mère, excusez-moi, je veux être sûr. Faites-le « encore une fois. » — Les yeux se baissent, me regardent douloureusement et se ferment. — « Ma bonne Mère,

« encore une fois ! » — Même prodige. — « Encore une
« fois !... » Il me sembla qu'à la troisième ou quatrième
demande, le regard fixé sur moi était dur ; je dis simplement : « Vous savez bien pourquoi je veux être sûr. »
Une pensée me vint tout à coup : « Telle personne, dis-

« je intérieurement, m'a prié de vous demander de me
« regarder pour elle, vous savez qu'elle vous aime bien,
« regardez-moi. » La bonne Mère baisse les yeux, me
regarde et les ferme. Et ainsi huit ou dix fois, à chaque
instance de ma part, le prodige s'est opéré de près, de
loin, de tout côté, même les yeux dans les yeux. Ce qui
m'étonne le plus, c'est le calme imperturbable que je
conservais. Quand j'y pense aujourd'hui, j'en suis effrayé,

Basilique de Campocavallo (vue de la façade principale).

car enfin, ces yeux qui me regardaient, c'étaient les yeux
de la Mère de mon Dieu !

« Personne autour de moi ne se doutait de la scène
qui se passait entre la Madone et moi. Avant de sortir de
la chapelle, dont j'eus peine à m'arracher, je dis à la
Sainte Vierge : « Ma bonne Mère, je suis convaincu,
« daignez me donner un regard d'adieu. » Ce regard
maternel, je l'eus, pourrai-je jamais l'oublier ? Je ne fis
aucune confidence au curé (1), réservant ma déposition
pour Mgr l'évêque d'Osimo, chez lequel je me rendis
immédiatement.

« L'évêque d'Osimo, Mgr Mauri, appartient à l'ordre
de Saint-Dominique. Prélat distingué, fort savant et de
grande prudence, il occupe un siège réservé ordinairement aux honneurs cardinalices. Ayant le bonheur
d'être religieux du même ordre, je pus lui parler à cœur
ouvert, comme à un frère. Son accueil, du reste, aurait
suffi à lui seul, pour provoquer toute ma confiance. Ma
déposition lui parut tellement importante, à raison des
circonstances spéciales qui l'accompagnaient, qu'il réunit
immédiatement le tribunal chargé du procès canonique,
commencé au sujet de l'*Addolorata*. Pendant plus d'une
heure, je fus sur la sellette. Après avoir prêté serment
sur les saints Évangiles, je dus répondre à vingt-trois ou
vingt-quatre questions. Tout fut minutieusement exa-
miné, jugé, écrit avec une rigueur d'observation et de
critique qui fait honneur aux prêtres chargés de l'instruc-
tion. Je signai ma déposition et je partis, heureux dans
mon cœur d'avoir été choisi pour rendre témoignage à
la vérité de cette manifestation douloureuse de la Sainte
Vierge.

« J'avais cependant un remords. Comment ! Plus de
dix fois la Mère de Dieu avait daigné me regarder avec
une douleur poignante, et j'étais resté debout ; je ne

(1) Le jeune prêtre chargé du pèlerinage est le donateur même de la
sainte image, homme très circonspect, et, ce qui n'est pas à dédaigner,
de grande amabilité.

m'étais pas jeté à ses pieds pour la remercier, pour lui dire tout l'amour et toute la joie de mon cœur. Je la regardais, non comme un fils, mais comme un juge. Il fallait une réparation.

« Aussi, dès le samedi 8 avril, j'étais de nouveau à Campocavallo, prosterné devant la sainte image et la contemplant avec ravissement. La bonne Mère ne m'avait pas gardé rancune. A plusieurs reprises, ses yeux se baissèrent, se fixèrent sur les miens et se fermèrent entièrement. Cette fois, je me laissai aller à l'impression de paix, de bonheur que ce regard produisait en moi. Comme nous nous regardions ! A côté de moi, une dame pleurait à chaudes larmes, je me retournai : « Vous êtes Fran-« çaise ? lui dis-je. — Oui, mon Père. — Pourquoi pleu-« rez-vous ? — La Sainte Vierge me regarde. — Eh bien ! « regardez-la aussi, n'ayez crainte. »

« Cédant, cette fois, aux instances du curé chargé du pèlerinage, je mis quelques lignes sur le registre ouvert dans la sacristie.

« Mon séjour à Lorette allait finir, j'avoue qu'il me coûtait de laisser la *Santa-Casa* et cette image qui avait eu pour moi tant de miséricorde. Je voulus la revoir encore une fois et lui faire mes adieux. La bonne Mère me combla. Plusieurs fois, son regard s'abaissa sur moi et ses paupières se fermèrent.

« Deux dames françaises, pleines de foi et désireuses, l'une surtout, de voir le prodige, me disaient : « Mon « Père, comment voyez-vous les yeux ? — Madame, je « les vois fermés ; les voici qui s'ouvrent, qui se baissent « de nouveau, qui se ferment encore. — Moi, rien du « tout, ils sont grands ouverts, fixés au ciel. » Un brave homme me tire la robe : « *Padre,* la Madone ferme les « yeux. » Je vis avec lui le même mouvement ; il en était tout heureux. Les dames françaises ne virent rien, à leur grand chagrin. Je pense que la bonne Mère voulut leur laisser le mérite de la foi, car l'une d'elles, quoique désolée de ne point contempler le prodige, de ses yeux, fit à la chapelle une large offrande, comme en France seule on sait en faire. L'*Addolorata* saura la lui rendre.

« Avant de quitter la sainte image, j'eus la faveur d'un dernier regard, celui des adieux ; je ne pouvais pas partir. Aussi, c'est : Au revoir ! que je lui ai dit.

« J'ai vu, bien vu, — et je l'ai affirmé sous serment, — j'ai vu la Madone des Sept-Douleurs de Campocavallo baisser les yeux, les fixer sur moi, fermer les paupières avec une expression de douleur poignante, plus de vingt fois, sans trouble, sans effort. J'ai vu.

« Croyez ou ne croyez pas, c'est votre affaire, je n'ai aucune mission pour vous faire croire. Donnez-moi les explications naturelles que vous voudrez, j'examinerai leur valeur. Pour moi, avec des centaines d'autres témoins, les plus sérieux et les plus désintéressés, je ne puis dire qu'une chose et je le dis sur les toits, à la gloire de la Sainte Vierge : « J'ai vu!... »

Bien que l'Église n'ait encore prononcé aucun jugement sur les faits de Campocavallo, la piété des fidèles envers Notre-Dame a voulu remplacer sa petite chapelle par un monument plus digne de sa sainte et merveilleuse image. Dès le 11 décembre 1892, Mgr Mauri, évêque d'Osimo, bénissait solennellement, en présence d'un nombreux clergé et de plus de quinze mille pèlerins, la première pierre de la superbe basilique qui s'élève maintenant tout près de la ferme de Campocavallo.

La construction de ce splendide sanctuaire fournirait à elle seule un volume de récits pleins d'intérêt. La générosité infatigable des catholiques, l'abondance continuelle des offrandes en argent et en nature ; les matériaux de toutes espèces, belles pierres de taille, briques, sable, chaux, arrivant inopinément on ne sait d'où, au fur et à mesure que le besoin s'en fait sentir ; les vitraux, statues, vases et ornements sacrés envoyés de tous les points de l'Église catholique, tout se réunit pour forcer à dire : « Il se passe là quelque chose d'extraordinaire ; si les hommes se taisaient, les pierres de ce temple prendraient une voix pour l'affirmer. »

Ajoutons, avec une fierté bien légitime, que notre chère France n'est pas la dernière sur la liste des nations catholiques qui veulent contribuer à l'édification du nouveau sanctuaire de la *Madonna addolorata* ; c'est au contraire de chez nous, c'est du *royaume de Marie* que sont venues les plus riches offrandes à Notre-Dame des Sept-Douleurs. Daigne la divine Vierge s'en souvenir et avoir pitié de nous !

CHAPITRE III

Les Guérisons.

Le sceau de Dieu. — Avertissement. — Le jeune paralytique. — Un aveugle-né. — Guérison de la rage. — Madame Emilie Sforza. — La petite infirme de huit ans. — Hémorrhagie redoutable. — Guérison de deux enfants. — Veine rompue. — Amputation évitée. — Guérison subite d'un ulcère. — Guérison de la pierre. — Paralytique guéri. — Bras fracturé guéri par la Madone. — Convulsions disparues. — Guérison d'une aphonie opiniâtre. — Fièvre typhoïde. — Deux guérisons de méningite. — « Oh! ma Madone, aidez-moi! » — Disparition d'une fistule. — Mal caduc. — Guérison d'un genou. — Guérison d'une maladie mortelle. — Pneumonie. — Pain merveilleux. — Paralysie et mutisme. — Confiance récompensée. — Anunziata Storani. — Maladie du sang. — Guérison désespérée des médecins. — Tumeur interne disparue. — Pierre Petracci. — Augustin Staffolani. — Un mal déclaré incurable. — Guérison d'un jeune épileptique.

Le miracle est comme le cachet, la signature de Dieu. Lors donc qu'un événement sortant de l'ordinaire se trouve accompagné ou suivi de miracles bien et dûment constatés, l'on peut dire : Le doigt de Dieu est là.

Dieu a-t-il contresigné, comme celles de Lourdes par exemple, les merveilleuses manifestations de Campocavallo? Y a-t-il eu des *miracles* à Campocavallo même? des guérisons ou des faveurs *miraculeuses* obtenues par l'invocation de la *Madonna addolorata?* Nous attendrons le jugement de la Sainte Eglise avant d'appeler *miracles* les guérisons et conversions relatées dans ce livre. C'est donc bien entendu : nous racontons les faits, mais sans les *qualifier,* parce que nous n'avons pas ce droit qui n'appartient qu'à l'Eglise.

Plusieurs des récits que l'on va lire ont été adressés par la Révérende Mère Supérieure des Religieuses de Notre-Dame de Charité du Refuge de Lorette, à la Revue mensuelle : *Le Saint-Cœur de Marie* (1). D'autres sont empruntés, pour le fond, à la publication italienne intitulée : *L'Eco della devozione à Maria Santissima.*

« Le fait que nous allons raconter, écrit la Révérende Mère Supérieure du Refuge de Lorette, a été vu par nos chères Sœurs Marie-Joseph et Marie-Antonietta et par notre bon serviteur Joseph.

« Un jour, que nos Sœurs étaient à Campocavallo, un jeune homme d'une vingtaine d'années entra à la chapelle porté par trois hommes. Il ne pouvait s'aider d'aucun de ses membres : ses jambes étaient contractées, ses bras inertes. On le dépose à terre devant la sainte Image, et la mère du jeune infirme se met à crier de toutes ses forces : « Guérissez mon fils, ma bonne Mère... Je ne le remporterai pas en cet état!... Vierge sainte, guérissez-le moi! » Tout le monde priait à haute voix, avec toute la foi italienne. Au bout d'un instant, le jeune homme demande une chaise, et s'appuyant sur le dossier, il parvient à se mettre debout. Les jambes sont redressées, mais encore si faibles qu'elles ne peuvent le soutenir. On l'assied sur la chaise que notre Sœur Marie-Joseph avait elle-même passée. Le malade redouble ses supplications, et après quelques moments, il se lève seul et gravit le marchepied de l'autel : il est guéri ! ... Fou de joie, il sort de la chapelle et court chercher deux cierges, les allume et revient, avec un dans chaque main, les déposer devant la sainte Madone. Les prêtres entonnèrent alors le *Magnificat* auquel se mêlaient des sanglots d'émotion et des exclamations de joie. Tout le monde pleurait. Nos deux chères Sœurs ne pouvaient se lasser de contempler la bonne Mère, et notre serviteur Joseph arrosait le pavé de ses larmes ; il pleurait comme un enfant.

(1) Cette Revue mensuelle tient ses lecteurs au courant des nouvelles de Campocavallo. Les abonnements partent du 15 de chaque mois. Prix : 3 fr. pour la France, et 3 fr. 50 pour l'Etranger. — S'adresser au Directeur de la Revue, 7, rue des Cordeliers, à Abbeville (Somme).

« Un enfant de neuf à dix ans, aveugle de naissance, conduit à la chapelle, a été également guéri. Il était à la fois effrayé et ravi en apercevant tout ce qui l'entourait dans le sanctuaire ; mais quand il vit le soleil, le ciel, la campagne, ce fut une véritable extase. L'on peut penser si les *Magnificat* ont fait défaut après une pareille grâce. »

« Le mercredi, 28 juillet 1892, une pauvre mère amenait à la chapelle sa jeune fille âgée de dix-huit ans. L'enfant avait été mordue par un chien enragé. Le mal était absolument sans remède, et les médecins, peu chrétiens sans doute, avaient parlé d'ouvrir, dès le lendemain, les veines à la jeune fille, afin de lui procurer une mort plus douce. Mais, pendant l'un des courts instants de répit que lui laissaient ses crises, la malade avait exprimé le plus vif désir d'être conduite à Campocavallo.

« Elle arrive, le visage couvert d'une sorte de muselière destinée à empêcher tout accident. Plusieurs personnes très fortes la maintenaient, en prévision d'un accès possible. Après un moment de fervente prière, la jeune fille dit à sa mère : « Maman, ôtez, je vous prie, mon appareil. Je ne vous mordrai pas : je suis guérie. » Elle disait vrai : elle jouit actuellement d'un calme parfait et ne donne plus aucun signe de la terrible maladie qui devait inévitablement amener sa mort. »

« Emilie Sforza, âgée de quarante-sept ans, de la paroisse de Saint-Philippe de Montegranaro, diocèse de Fermo, était frappée de paralysie au bras droit depuis douze ans, ce qui le lui rendait inutile et très incommode. Plusieurs médecins lui avaient conseillé de le faire amputer ; elle ne voulut jamais y consentir. En outre, une maladie de l'épine dorsale lui causait de violentes douleurs, la privant de repos et l'obligeant à se servir d'une béquille. A raison de toutes ces infirmités, Emilie fut placée à l'hospice de Montegranaro.

« Ayant entendu parler des faveurs accordées par
l'Addolorata de Campocavallo, elle eut le désir de s'y
rendre, dans l'espérance d'obtenir sa guérison. Elle
s'adjoignit à un groupe de personnes pieuses et partit
pour Campocavallo, où elle arriva le matin du 9 août,
veille de saint Laurent. Il était près de six heures et
demie quand Emilie Sforza, aidée par ses compagnes de
route à descendre du char, entra dans l'église, infirme
comme elle était depuis de si longues années.

« Elle se mit à genoux du mieux qu'elle put, et commença à prier ardemment la Sainte Vierge de la guérir.
A cette intention, elle se retourna vers quelques personnes qui étaient près d'elle et les pria de réciter avec
elle trois *Ave Maria*. Au deuxième *Ave Maria* — ce sont
les paroles mêmes d'Emilie — je sentis qu'il se passait en
moi quelque chose de nouveau, que je ne puis expliquer,
et je me crus guérie. J'essayai de remuer mon bras, ce
que je fis sans difficulté ; je me levai, sans ressentir aucune douleur à l'épine dorsale. Je jetai ma béquille et je
marchai seule, sans peine.

« On appela les personnes qui accompagnaient Emilie
Sforza, et toutes confirmèrent la vérité de ce que nous
venons de raconter. Le conducteur interrogé répondit :
« Je connais bien cette dame, et je puis dire qu'hier, je
l'ai aidée à monter en voiture, parce qu'elle ne pouvait
pas le faire à elle seule. »

« La Sœur Cerro, supérieure des Filles de la Charité,
et la Sœur Barbini, de la même Congrégation, et autres
personnes, toutes de Montegranaro, ont attesté avoir vu,
pendant de longues années, Emilie Sforza, avec un bras
paralysé, à ce point qu'elle ne pouvait aucunement en
faire usage.

« .... Il y a un mois et demi, ajoute Don Sorbellini,
des Sœurs de l'hospice de Montegranaro vinrent de nouveau ici. Quand je les eus reconnues, je leur demandai
des nouvelles d'Emilie Sforza. Je fus surpris d'apprendre
qu'elle n'était plus avec elles. J'en demandai la raison.

Elles me dirent qu'étant en bonne santé et pouvant travailler, la supérieure de l'Institut la voulut employer comme infirmière, office qu'Emilie refusa absolument d'accepter. La supérieure, désirant ne pas priver, à cause d'elle, une autre infirme, d'une place à l'hospice, lui donna le choix : être infirmière ou sortir. Emilie préféra sortir. »

Le pèlerinage de Montecouto, petite paroisse située entre Varano et Ancona, était venu déposer ses offrandes au pied de la douce Madone, entre autres un fort beau calice. Parmi les pèlerins se trouvait une pauvre femme qui avait apporté sa petite fille, âgée de huit ans, infirme de naissance et ne marchant qu'avec deux béquilles. L'enfant fut déposée devant le tableau miraculeux, pendant que la mère criait de toute sa force : « Sainte Vierge, guérissez ma fille ou bien prenez-la! « Je ne puis plus la voir souffrir. Arrangez-vous ! Je ne « la remporterai pas infirme, si vous ne la guérissez pas, « je vais vous la laisser là ! » Cette pauvre mère était si persuadée que la sainte Madone allait l'exaucer que, dans sa foi, elle avait apporté une robe neuve pour en revêtir son enfant, voulant laisser à la chapelle celle qu'elle portait alors. L'enfant fut en effet guérie, se leva et marcha seule, librement. Sur-le-champ, sa mère lui coupa les cheveux, lui enleva ses boucles d'oreilles, la dépouilla de sa petite robe, et, avec les deux béquilles, déposa le tout en ex-voto.

Voici les propres paroles d'une jeune fille après la guérison de sa mère : « Je suis née à O***, où mon père était juge de paix. De là ma famille vint se fixer à J***. Tout dernièrement, notre domestique, entrant un matin dans la chambre de ma mère, la trouva sans connaissance, à demi morte. Saisie de frayeur, cette fille appela aussitôt du secours. Dans ce moment de terrible angoisse, je me sentis inspirée d'invoquer la Madone de Campocavallo.

« Il faut, dis-je à mon père, avoir confiance en la Mère de Douleur, et lui recommander notre chère malade. » Il obtempéra aussitôt de grand cœur à mon désir. Profitant d'un instant où ma mère semblait avoir recouvré un peu ses sens, je lui suggérai la pensée de faire aussi une petite prière à Marie, et lui appliquai l'unique photographie de la Madone que nous avions à la maison. A peine ma mère eut-elle senti le contact de la sainte Image, que les forces lui revinrent subitement; elle était guérie. Sa maladie était une violente hémorrhagie, qui bien souvent nous avait fait craindre pour ses jours.

Un enfant de cinq ans, de la petite ville de C***, près

Guérison d'une petite fille infirme depuis huit ans.

d'A***, avait fait une chute terrible. Par suite de la secousse, le sang s'était porté à la tête qui, en quelques heures, était devenue d'une grosseur monstrueuse. Trois médecins, appelés immédiatement, déclarèrent après leur consultation que, malgré tous les remèdes dont l'on pourrait user, l'enfant n'avait pas pour plus de trois heures de vie. Désespérée, la pauvre mère, voyant son enfant aux prises avec une fièvre cérébrale des plus violentes, envoya une personne prier pour lui à Campocavallo. Quelque temps après le départ de cette personne, l'enfant s'écria tout à coup : « Maman, j'ai un œil d'ouvert.... je vous vois maintenant.... » C'était l'heure où la personne arrivée au sanctuaire commençait à prier pour lui ; la coïncidence fut vérifiée à son retour. Deux jours après, l'enfant était parfaitement guéri. A peine son heureuse mère commençait-elle à respirer qu'une seconde angoisse vint déchirer son cœur maternel. Un autre de ses petits garçons, âgé de huit à neuf ans, fut pris d'une effrayante hémorrhagie. Sur-le-champ, la mère envoya de nouveau une personne à Campocavallo, disant: « J'ai « confiance dans la Madone ; elle m'a guéri mon petit « Vincent, elle guérira encore *il mio Carluccio*.... » Sa foi ne fut pas trompée : au bout de quelques heures, la figure pâle de l'enfant avait repris ses couleurs ; il jouait gaiement comme si rien n'eût été.

Un homme des environs d'Ancône avait à la jambe une veine rompue, et le médecin voyait tous ses traitements inutiles. La femme du malade, pleine de confiance en Notre-Dame, se rendit à Campocavallo, et rapporta du sanctuaire un peu d'huile de la lampe brûlant toujours devant le tableau vénéré. Le soir, elle mit de cette huile sur la jambe de son mari. Le lendemain le mal avait disparu ; il n'en restait aucune trace.

Une enfant d'une dizaine d'années était. depuis vingt mois, clouée sur le lit par des plaies aux jambes, qui lui faisaient endurer un véritable martyre. Depuis quelque temps son état s'était bien aggravé : la gangrène s'était mise peu à peu dans les plaies, et les médecins affirmaient qu'il n'y avait plus qu'un remède, l'amputation des deux jambes. Désespérés d'une pareille déclaration, les parents firent vœu de porter la petite infirme à Campocavallo. En même temps, pleins de foi en la puissance et en la bonté de Marie, ils firent sur les plaies de l'enfant des onctions avec de l'huile prise dans la lampe qui brûle continuellement devant la sainte Madone. Immédiatement les plaies disparurent : l'enfant était guérie, et, le jour de la Présentation, elle venait remercier la bonne Mère de sa miraculeuse guérison.

Le 10 mars, une femme de Monte*** venait remercier la sainte Madone de la guérison de son enfant, qu'elle avait sur les bras. Une première fois elle avait apporté à la chapelle le pauvre petit, ayant depuis deux mois un bras paralysé et couvert d'un ulcère qui exhalait une odeur tellement fétide que personne n'y pouvait résister. Après avoir beaucoup prié, cette femme retourne chez elle. A peine rentrée, elle se met en devoir de changer les linges qui, d'ordinaire, étaient traversés en quelques heures par le pus s'échappant incessamment de la plaie. Quelle n'est pas sa surprise en trouvant le bras de son enfant avec une chair rose et saine, sans aucune trace de mal ! « Mais comment donc se fait-il, demanda « Don Sorbellini à cette femme en la revoyant, que « votre enfant se soit guéri si vite ? — Eh ! mais.... j'ai « prié la Madone, je lui ai dit de me le guérir. ... Ne le « pouvait-elle pas ? ... Elle l'a fait, et après tout, elle « n'est pas à bout de puissance ! ... » Monseigneur d'Osimo lui-même est resté dans l'admiration devant la foi de cette mère.

Le fait suivant a été raconté aux Religieuses de Notre-Dame de Charité de Lorette par le père même de l'enfant guéri.

« Mon enfant, âgé de trois ans, était atteint de la maladie de la pierre. Désolés, ma femme et moi, nous l'avions porté plusieurs fois chez le chirurgien de Lorette, très habile et très adroit. Celui-ci prescrivit des remèdes qui n'eurent aucun résultat. Dans la dernière visite il nous dit : « Si ce que j'ordonne aujourd'hui ne « sert de rien, il faudra faire une opération. » Nous étions consternés, ne pouvant nous résoudre à ce parti extrême. D'un autre côté, laisser notre enfant souffrir le martyre sous nos yeux, sans rien tenter pour le sauver, ce n'était pas possible. Nous ne dormions ni jour ni nuit : les souffrances du pauvre petit devenaient atroces. Enfin, un jour qu'il était resté pâmé et sans connaissance pendant presque quatre heures, sa mère et moi, nous résolûmes de le porter immédiatement à Campocavallo pour prier et conjurer la divine Madone de le guérir. Le voyage se fit avec beaucoup de précautions, vu l'état du petit malade. Arrivé à la porte de la chapelle, mon enfant ne pleurait plus, il hurlait. Outre ses souffrances, l'idée que nous le portions de nouveau chez le chirurgien le faisait se débattre et se démener en criant : « Allons-nous-en, allons-nous-en, je ne veux pas en- « trer ! » On avait beau lui dire que la Sainte Vierge de Campocavallo était là, toute seule, et qu'elle allait le guérir, tout était inutile. Ma femme, n'en pouvant plus de fatigue, me le passa. Alors, par force, comme je pus, le tenant sur mes bras, j'entrai dans le sanctuaire, je le présentai à la Madone et lui fis toucher le tableau. Il redoubla ses cris de telle sorte que je dus sortir pour le calmer un peu : il rompait la tête à tout le monde. Pendant ce temps sa mère, les bras en croix, pleurait, suppliait la Sainte Vierge de guérir notre enfant. Je rentrai un moment pour dire adieu à la Madone ; le petit fixa l'image une seconde et se remit à crier de plus belle. Il devenait inutile de le maintenir là : nous nous résignâmes à partir. J'installai ma femme dans une voiture, avec le *bambino* sur ses genoux. Nous n'étions pas encore à un quart d'heure de Campocavallo que l'enfant était guéri. Il s'endormit profondément ; et, de retour à la maison, nous pûmes constater que la cruelle maladie avait complètement disparu. Je suis retourné avec lui à la chapelle pour remercier la sainte Madone. « Vous voyez cet enfant, ajouta le père en le montrant aux Religieuses, vous pouvez juger à sa mine s'il jouit d'une brillante santé. »

Pendant la dernière semaine de janvier, un pauvre paralytique d'Arcevia, horriblement contrefait, n'ayant plus de libres que les bras, fut apporté par quatre hommes au sanctuaire. Sa vue seule faisait pitié. L'infortuné fut déposé devant le saint Tableau ; au bout de quelques instants, il se relevait, marchait, libre et sain, parfaitement guéri.

Un petit garçon s'était rompu le bras en plusieurs endroits. Le chirurgien dit aux parents : « Voulez-vous « que votre enfant reste le bras tendu, ou préférez-vous que je le lui laisse plié ? Il n'y a aucun remède : l'enfant est estropié pour toujours. Choisissez. — Je ne voudrais ni l'un ni l'autre, » répondit la pauvre mère désolée. Alors, sans hésiter, cette femme apporta immédiatement son enfant à Campocavallo. Sa foi fut récompensée : la Sainte Vierge a si parfaitement guéri le petit infirme qu'aujourd'hui il se sert de son bras comme si aucun accident ne lui fût arrivé.

Madame Ida Ceci, d'Ascoli-Piceno, malade depuis sept ou huit ans, usait sans résultat de tous les remèdes que lui prescrivaient les médecins. En juillet 1890, le mal dont elle souffrait lui occasionna d'affreuses convulsions qui se répétèrent fréquemment jusqu'à la fin d'août 1892. A cette époque la maladie de cette jeune femme de dix-neuf ans avait pris un caractère tellement sérieux, que l'on s'attendait à un dénouement fatal. Ce fut alors que les faits merveilleux de Campocavallo parvinrent à la connaissance de Madame Ida Ceci qui eut aussitôt la pensée de demander sa guérison à la sainte Madone des Sept-Douleurs.

Le 28 août, le curé de la paroisse fit commencer à l'intention de la malade un triduum de prières et il écrivit au chapelain de Campocavallo le billet suivant : « Je vous prie de nous envoyer un peu de coton trempé dans l'huile qui brûle devant la Madone des Sept-Douleurs, ou un petit morceau d'étoffe qui ait touché la vénérable image. Cet objet est destiné à une pauvre malade souffrant horriblement de convulsions. » Le chapelain s'empressa d'accéder aux désirs du bon prêtre et joignit à son envoi une image de la Très Sainte Vierge.

Vers la fin du triduum, le mal, au lieu de diminuer, sembla au contraire s'aggraver. Mais le 1ᵉʳ septembre, la guérison arrivait, complète, évidente, indubitable. A 8 heures du matin, Madame Ida Ceci se sentait parfaitement guérie, si bien même qu'elle voulait se lever : les convulsions avaient complètement disparu et depuis lors, elles ne se sont jamais renouvelées. La miraculée mangea tout ce qui lui fut présenté, ce qu'elle n'avait jamais pu faire pendant sa maladie. Avant sa guérison, le moindre bruit, le plus léger choc, la faisaient tressaillir ; maintenant cette sensibilité si incommode et si douloureuse a totalement disparu.

En reconnaissance de la grande faveur que Marie lui a obtenue, Madame Ceci est venue le 26 septembre 1892, offrir un bel ex-voto à la sainte Madone, et elle a promis de broder en or la nappe du maître-autel de la basilique que l'on élève à Campocavallo.

Vers le mois de novembre 1891, Madame Dominique Tortolini, se sentit atteinte d'une maladie des bronches qui, peu à peu, éteignit tout à fait sa voix.

Pendant environ huit mois ce mal cruel résista à tous les remèdes qu'avait ordonnés le médecin.

Le bruit des faits merveilleux opérés par la Madone de

Campocavallo s'étant propagé, la veuve Tortolini eut
une grande et ferme espérance d'obtenir sa guérison par
l'intercession de Marie, guérison qu'elle s'était en vain
efforcée d'obtenir pendant plusieurs mois au moyen des
remèdes que lui avait donnés la science médicale. Elle
partit donc en compagnie de parents et de connaissances,

et, le 26 juillet au matin, elle se trouvait en présence de
la vénérable image de Marie des Sept Douleurs de Campocavallo. Et voilà qu'après une courte prière elle se
sentit *entièrement guérie*.

Il est plus facile d'imaginer que de décrire l'étonnement et la joie, non seulement de la dame Tortolini et
de ses compagnes de voyage, mais encore de toute sa
famille, qui, en reconnaissance de la grâce obtenue,
voulut que, vers la fin de septembre 1892, elle se rendît

Paysans italiens priant devant la Madone de Campocavallo.

une seconde fois en pèlerinage auprès de l'image miraculeuse.

Voici le certificat qu'une amie de Madame Tortolini a
jugé à propos de publier pour la plus grande gloire de
la sainte Madone :

« Je, soussignée, certifie que Dominique Tortolini,
mon amie intime, était malade d'une aphonie, depuis
environ huit mois. Elle souffrait de ce mal et même
de bien d'autres. Le médecin ne savait plus quel remède
administrer. Vers les derniers jours, il se servait d'un
petit appareil au moyen duquel, brûlant une certaine
substance, il en faisait respirer la vapeur à la malade.

« Mais tout était inutile. L'honneur de la guérison
complète de ma chère amie était réservé à la très sainte
Vierge de Campocavallo. Avant de partir, elle vint me
saluer. Je lui demandai où elle allait, et elle me fit comprendre qu'elle se rendait à Campocavallo. Connaissant
son état si maladif, je l'engageai à ne pas trop se hasarder,
afin de ne pas tomber dans un état pire ; car la chaleur
était très intense à cette époque. Mais mon amie, pleine
de résignation, me fit comprendre que la Madone pren-
drait soin d'elle.

« Quel ne fut pas mon étonnement lorsque je la vis
deux jours après, *parfaitement guérie !!* Je fus profondément émue, et j'adressai mes louanges à la Très Sainte
Vierge, dispensatrice de toutes les grâces.

« *Cerreto d'Esi, 26 Juillet 1893.*

« PIEROSARA VIOLANTE. »

En février 1893, une violente fièvre typhoïde attaqua
Madame Elise Benedettuci, de la paroisse Saint-Augustin
de Recanati. La maladie s'aggrava promptement d'une
manière effrayante et les remèdes devinrent bientôt
impuissants à conjurer la mort qui arrivait à grands pas.
On dut administrer à la malade les derniers sacrements.
Le prêtre veillait sans cesse à son chevet afin de la préparer immédiatement à une sainte mort. Au milieu de ses

angoisses, la pensée vint à la famille de recourir à la *Vergine addolorata* de Campocavallo. Vite on dépêche quelques personnes pieuses pour prier au petit sanctuaire. Elles n'eurent garde de manquer à leur mission : elles prièrent avec ferveur et firent toucher au saint tableau une chemise que devait revêtir la pauvre mourante. Celle-ci priait elle-même, non de bouche, parce qu'elle en était incapable, mais de tout son cœur.

Aussitôt que les pieuses pèlerines furent de retour à Recanati, on n'eut rien de plus pressé que de passer à la malade la chemise qui avait touché les yeux bénis de la *Madonna addolorata*. O bonté de la puissante Mère de Dieu ! Une amélioration instantanée se produit dans l'état de Madame Elise Benedettucci. Le mieux s'accentue de jour en jour, et en peu de temps, contre l'attente universelle, elle recouvre une santé florissante.

Le curé de Saint-Augustin de Recanati, et le médecin qui avait soigné la malade, ont attesté par écrit sa guérison merveilleuse.

Principi Benedetto, âgé de vingt-sept ans, de la paroisse Saint-Etienne d'Osimo, fut frappé, en mai 1893, d'une *méningite* qui le mit en peu de temps à deux doigts de la mort. Plusieurs médecins furent consultés et tous déclarèrent qu'humainement parlant, le mal était sans remède. La mort semblait si prochaine qu'un jour, vers l'heure de midi, on porta au malade le saint viatique. Le curé de la paroisse se tenait auprès du moribond, attendant d'un instant à l'autre le dernier coup de la mort pour donner une suprême absolution. La famille était, on le comprend, dans une angoisse indicible. Soudain, l'un des assistants songe à la sainte Madone de Campocavallo et propose de l'invoquer. On l'écoute, on prie et l'on approche du malade une image de la *Vergine addolorata*. O merveille ! à peine cette image a-t-elle touché Principi Benedetto, qu'un mieux subit apparaît. Bientôt il est hors de danger, et, au bout de peu de temps, si bien guéri, qu'il vient lui-même à la petite chapelle remercier sa céleste bienfaitrice et faire une offrande pour la construction de son nouveau sanctuaire.

Au mois de juin 1893, la sœur de Dominique Tortolini, dont il a été question plus haut, était occupée, avec plusieurs autres femmes, à laver du linge, dans un fossé assez éloigné de sa maison. Tout à coup elle dit à ses compagnes : « Je me sens fort mal à l'aise. » Et en prononçant ces mots, elle tombe à la renverse. Vite on va avertir un médecin qui s'empresse d'accourir et juge que le cas est très grave : il s'agit d'une *méningite*. La malade, transportée chez elle, reste trois jours sans boire, ni manger, ni donner signe de vie ; ses yeux sont continuellement fermés ; on attend à chaque instant son dernier soupir. Cependant sa sœur, guérie par la Sainte Vierge, invoque Notre-Dame du Sacré-Cœur en grande vénération dans le pays ; l'on s'adresse également au divin Cœur de Jésus. Mais l'état de la malade se maintient dans sa gravité. Enfin, l'on fait appel à la Madone de Campocavallo, la Vierge au Cœur percé de glaives, et qui a déjà guéri la sœur de celle qui va mourir. Sous l'oreiller de la malade, on place une image de la Madone des Sept Douleurs. A partir de ce moment, une amélioration notable est constatée : la malade ouvre les yeux, elle entend ce qu'on lui dit. Toutefois, comme le danger de mort n'a pas disparu, le prêtre est appelé et donne à l'infirme les derniers sacrements. Quant au médecin, auquel on demande s'il y a quelque espoir de guérison, il répond par un *non* bien accentué, exprimant sa conviction intime.

Cependant on redouble de ferveur dans les prières à la sainte Madone de Campocavallo ; la sœur de la mourante surtout prie avec une confiance inébranlable. Elle avait bien raison : le mieux devint de jour en jour plus sensible, et celle qui semblait arrivée aux portes du tombeau recouvra bientôt une santé parfaite. « Si elle vit encore, c'est par miracle, » disaient les témoins de sa maladie. Revenue à la vie, la sœur de Dominique Tortolini, a tenu à remercier, dans son sanctuaire même, la douce Madone qui l'a guérie.

Louis Trovarelli, de la paroisse Saint-Urbain d'Apiro, dans les Marches, conduisant un jour son charriot, fut renversé par terre d'une façon si malheureuse qu'une roue lui passa sur le crâne. Les personnes qui se trouvaient là s'empressèrent de le relever et de l'emporter à sa maison où les soins les plus affectueux lui furent aussitôt prodigués. Au bout de quelques heures on reconnut que le jeune homme entendait, mais ne pouvait articuler une parole. Ce que l'on prit d'abord pour le résultat de son émotion était bien réellement celui de sa terrible chute. A compter de ce jour, le jeune homme, quoique plein de force, ne parla plus. Trois médecins, appelés près de lui en consultation, déclarèrent indispensable une opération chirurgicale très douloureuse et difficile qui consistait à enfoncer dans la tête un instrument d'acier et à le faire pénétrer ensuite jusque dans la gorge. Les parents du blessé étaient donc fort affligés et très inquiets, tant à cause de l'accident arrivé à leur fils que de l'opération dangereuse qu'il nécessitait. Toutefois, avant de se résoudre à la subir, le jeune homme fit comprendre qu'il désirait aller à Campocavallo pour demander sa guérison à la sainte Madone. Chacun applaudit à cette bonne pensée et, le 12 août 1893, Louis Trovarelli était en présence de Notre-Dame des Sept-Douleurs. On s'imagine aisément la ferveur de sa prière mentale devant la sainte image. Il veut essayer de prononcer une parole ; c'est en vain : il est toujours muet et ne peut faire entendre que des sons inarticulés. Une messe cependant va commencer. Il se rapproche de l'autel, pour mieux suivre les saintes cérémonies. Au moment de l'élévation, lorsque le prêtre présente à Dieu l'Hostie sans tache, le jeune Trovarelli s'écrie très distinctement : « O ma Madone, aidez-moi ! »

Sous le coup de la plus vive émotion, il se retourne vers son oncle et l'embrasse ; puis oubliant la sainteté du lieu et ne prenant pas garde au désordre qu'il occasionne parmi les assistants, il continue de répéter tout haut : « O ma Madone, aidez-moi ! » Il ne pouvait pas encore articuler d'autres paroles. Un de ses parents réussit enfin à le calmer, et le prie d'attendre patiemment que la messe soit achevée avant de redire à haute voix son invocation à Marie.

Quand le prêtre eut quitté l'autel, Louis Trovarelli recommença à prier, toujours dans les mêmes termes : « O ma Madone, aidez-moi ! » Il lui était impossible de dire autre chose. Bien persuadé que la Très Sainte Vierge achèverait la guérison commencée, le chapelain de Campocavallo, Don Sorbellini, engagea le jeune homme à persévérer dans ses prières et à lui en faire connaître le résultat final. Après avoir reçu la bénédiction avec la sainte image, Louis Trovarelli rentra chez lui accompagné de ses parents.

Dix ou douze jours après son pèlerinage, le jeune muet faisait dire au chapelain par des personnes de sa paroisse qu'il avait complètement recouvré l'usage de la parole, et, le 19 septembre, il revenait, avec plusieurs membres de sa famille, rendre grâces à la douce Madone. « Je « n'oublierai jamais, dit-il à Don Sorbellini, ma bonne « Mère qui m'a exaucé malgré mon indignité et contre « l'attente générale. Je ferai connaître, dans la mesure du « possible, sa bonté maternelle, et le souvenir de la « Madone restera toujours vivant dans mon cœur. »

Cette guérison de Louis Trovarelli produisit dans la paroisse d'Apiro un effet des plus salutaires : plusieurs personnes, qui avaient la coupable habitude de blasphémer le saint nom de Dieu ou de la Vierge Marie, fondirent en larmes en constatant le fait prodigieux arrivé en faveur du jeune muet, et depuis lors, elles se sont corrigées des blasphèmes qui leur étaient malheu-sement trop familiers.

Le curé d'Apiro a délivré un certificat pour attester la
guérison de son jeune paroissien et il le termine par ces
mots significatifs : « J'affirme que tout ceci est l'exacte
vérité, et je suis disposé à l'affirmer par serment, s'il est
nécessaire. »

Depuis environ trois ans, Lucie Baléani de la paroisse
Sainte-Lucie d'Osimo, avait à l'œil droit une sorte de
fistule qui l'incommodait beaucoup. Dès que cet œil
était frappé par la lumière, il se mettait à pleurer et
devenait très douloureux ; aussi fallait-il le tenir constamment bandé. Le 20 juin 1892, quelques jours après les
premières manifestations de la Sainte Vierge à Campocavallo, Lucie Baléani, pleine de foi en la puissance et
en la bonté de Marie, se re dit au petit sanctuaire et fit
toucher un mouchoir au tableau miraculeux. De retour
chez elle, son premier soin fut d'assujettir ce mouchoir
sur l'œil malade. Le lendemain, bien loin d'éprouver du
soulagement, Lucie souffrait plus que jamais, à tel point
que le médecin qui vint la voir ce jour-là, lui déclara
qu'elle ne pourrait pas, si elle voulait guérir, échapper
à une opération. La pauvre femme ne perdit pas un
instant sa confiance envers la sainte Madone, et elle eut
raison d'espérer. Le 22 juin, en effet, la fistule avait disparu *sans laisser la plus petite trace*. Et le docteur,
dans sa visite, n'eut plus qu'à reconnaître une parfaite
guérison.

Constantin Luzzetto, de la paroisse Saint-François de
Montalboddo, dans la province d'Ancône, souffrait
depuis vingt ans du *mal caduc*. De violentes et terribles
attaques se renouvelaient jusqu'à cinq et six fois par jour.
En quel état se trouvait le pauvre jeune homme, on se le
représenterait difficilement. Au mois de juin 1892, il
entendit parler des merveilles de Campocavallo, et vint à
la chapelle, avec la ferme espérance de s'en retourner
guéri. La Très Sainte Vierge eut en effet pitié de lui : à

partir de son pèlerinage jusqu'à la date de ce récit (22 mai 1893) il ne s'est pas ressenti une seule fois de sa redoutable maladie, et il est venu au sanctuaire remercier sa céleste protectrice.

Un enfant de sept ans, Lino Tomassetti, de la paroisse de Saint-Christophe, fit un jour une chute en s'amusant et se blessa au genou. Croyant la contusion légère et insignifiante, les parents ne s'en préoccupèrent pas et ne songèrent aucunement à la faire voir à un médecin. Mais, au bout de peu de jours, l'enfant commença à se plaindre de vives douleurs, et l'on s'aperçut que le genou, affreusement gonflé, s'était rempli d'eau. On fit alors venir un chirurgien qui n'hésita pas à déclarer que le mal serait long et difficile à guérir parce qu'on ne l'avait pas soigné dès le début. Les parents désolés eurent la pensée de recommander à Notre-Dame de Campocavallo le petit blessé et promirent une offrande pour la chapelle s'ils obtenaient la guérison de Joseph. A peine cette promesse fut-elle formulée qu'une amélioration subite se produisit, qui alla tous les jours s'accentuant davantage. La guérison fut parfaite. Joseph Tomasetti put venir, le 10 avril 1893, remercier la sainte Madone et lui offrir un cœur d'argent en ex-voto.

Rose Zoppi, épouse de Joseph Moscoloni, habitant Osimo, tomba si gravement malade que l'on craignait pour sa vie. Bientôt, à toutes les souffrances qu'elle endurait vint s'ajouter une douleur interne très aiguë, et que les médecins eux-mêmes ne pouvaient expliquer. La malade envoya son mari à la chapelle de Campocavallo, pour faire toucher un foulard au tableau de la *Madonna addolorata*. Rose Zoppi, recevant ce foulard, le baisa dévotement. A l'instant même, elle sentit ses douleurs diminuer d'intensité, et, au bout de huit jours, elle était complètement guérie. C'est elle-même qui a fait à Dom Sorbellini le récit de sa guérison, en venant remercier la Très Sainte Vierge.

Antonio Cintioli, de la paroisse de Bagnola, était atteint d'une pneumonie qui s'aggrava à tel point que le médecin fut le premier à conseiller l'administration du sacrement des mourants. La famille du malade, n'ayant plus d'espérance que dans la miséricorde de la Très

Sainte Vierge, envoya le frère d'Antonio faire célébrer la sainte messe à la chapelle de Campocavallo. Chose remarquable ! à l'heure même où le messager était arrivé au sanctuaire, le malade avait éprouvé un mieux très sensible. En peu de jours il fut complètement hors de danger, et le 15 avril 1893, il put se rendre en pèlerinage d'action de grâces à Campocavallo.

Arrivée d'un pèlerinage à Campocavallo.

Jean Pugnaloni, habitant aussi la ville d'Osimo, était dans un état désespéré. Persuadé que la sainte Madone le guérirait, il supplia que l'on allât faire toucher un peu de pain à l'image miraculeuse. A peine eut-il goûté à ce pain qu'il se trouva sensiblement mieux. Peu de temps après il était en parfaite santé.

Une femme de Castelfidardo, Marie Virgini, âgée de quarante-quatre ans, fut frappée de paralysie du côté droit et perdit, avec la lucidité d'esprit, l'usage de la parole. La jambe et le bras droits, privés de tout mouvement, semblaient à jamais perclus. Pleine de confiance en la *Madonna addolorata*, Marie Virgini la prie de tout son cœur. En même temps on charge quelqu'un d'aller à Campocavallo faire toucher à la sainte image une chemise que revêtirait la pauvre malade. Celle-ci a affirmé sous la foi du serment qu'aussitôt cette chemise revêtue, son état devint incomparablement meilleur. Grâce à la divine Mère de Jésus, Marie Virgini recouvra l'usage de la parole, put marcher sans le secours de personne, et se servir de son bras droit.

Une religieuse des Marches était gravement malade depuis six ans. Les médecins qu'elle avait consultés s'étaient toujours déclarés impuissants à la guérir. Son état était désespéré. Ayant entendu parler des merveilles de Campocavallo, cette religieuse éprouva le plus vif désir de se rendre au petit sanctuaire de Marie pour implorer la grâce de sa guérison. Elle vint donc à la chapelle, accompagnée de quelques-unes de ses sœurs en religion, et pria la Très Sainte Vierge avec une ferveur que l'on s'explique sans peine. Mais ce jour-là elle eût pu croire que la sainte Madone avait fait la sourde oreille à ses supplications : elle dut quitter la chapelle sans éprouver le moindre soulagement. Bien plus, le trajet pour retourner à la communauté fut un vrai martyre qui se prolongea les jours suivants. Toutefois, la religieuse ne perdit pas courage et persévéra dans ses ardentes prières à la *Madonna addolorata*. Son espérance ne fut pas déçue : quinze jours après son pèlerinage à Campocavallo elle se trouva parfaitement guérie, au grand étonnement de ceux qui connaissaient sa maladie et qui l'avaient condamnée d'une façon absolue.

Anunziata Storani, de la paroisse de la Miséricorde d'Osimo, commença, vers le mois d'août 1892, à ressentir des douleurs et de grandes faiblesses dans les jambes. Le mal fit de tels progrès que bientôt les jambes, démesurément enflées, rendirent la marche impossible. Enfin la paralysie devint complète. La malade fut vivement engagée par son médecin à entrer à l'hôpital, ce qu'elle fit le 17 décembre, mais inutilement : les soins les plus assidus et les plus empressés du médecin de la maison n'aboutirent à aucun résultat.

Anunziata se résolut donc à retourner chez elle ; mais, avant de quitter l'hôpital, elle demanda au docteur si elle pouvait espérer sa guérison. « Votre mal, lui répondit-il « franchement, est incurable ; il n'y a qu'un saint qui « puisse vous obtenir le rétablissement que vous « souhaitez. » En entendant ces mots la jeune fille tomba dans une désolation indescriptible. Au plus beau temps de sa vie, se voir condamnée à demeurer immobile jour et nuit, et sans espérance d'aucune amélioration sérieuse ! C'était triste. N'ayant donc plus aucune confiance dans les secours humains, Anunziata Storani se tourna vers le Seigneur et mit tout son espoir dans la Vierge de Campocavallo, puis supplia son entourage de la conduire au sanctuaire de la Madone. Ce fut au mois de mai qu'elle accomplit le pèlerinage qu'elle avait tant à cœur de faire. Deux personnes la transportèrent devant la sainte image. Après une courte mais fervente prière, elle fit demander au prêtre, qui se trouvait à la sacristie, de vouloir bien venir lui donner une bénédiction, incapable qu'elle était de se rendre elle-même auprès de lui.

Sa dévotion étant satisfaite, elle songea à regagner Osimo. Comme elle sortait de la chapelle, il lui sembla qu'elle souffrait moins. Arrivée chez elle, elle reconnut que son amélioration était parfaitement réelle. Le mieux s'accentuant tous les jours, Anunziata a fini par guérir complètement. En reconnaissance de la faveur qui lui a été accordée par la Madonna addolorata, elle est revenue plusieurs fois à la chapelle, seule, sans aucun appui, sans la moindre trace de son mal, et dans l'état de santé le plus florissant.

Ida, fille de Thérèse Bernardi, avait été atteinte dès l'âge de deux ans et demi d'une maladie du sang déclarée incurable par tous les médecins consultés. Ce fut donc en vain que les parents recoururent à toutes sortes de remèdes ; ils ne savaient plus quel moyen imaginer pour sauver l'enfant. Ayant appris les merveilles qui s'opéraient à Campocavallo, ils apportèrent la petite malade à la chapelle, dans l'espérance d'obtenir sa guérison. C'était en août 1892. Or, un mois et demi après, l'enfant condamnée par les médecins était en parfaite santé. En septembre 1893, un an après sa guérison, elle revint avec ses parents pour rendre grâces à sa céleste bienfaitrice.

Au mois d'août 1893, Marie Bianchelli de Gallignano tomba gravement malade peu de temps après avoir donné le jour à un petit garçon. Le mal étant arrivé à son dernier période, les médecins déclarèrent le cas désespéré. Tout espoir semblait donc perdu et l'on fit administrer à la malade les derniers sacrements. Ceux qui la soignaient s'attendaient d'un instant à l'autre à la voir mourir. Son mari, cependant, ne perdait pas courage : il était persuadé que la Madone de Campocavallo lui conserverait la compagne de sa vie. Il court en toute hâte au petit sanctuaire et fait toucher un mouchoir à la sainte image de Marie au pied de la croix. A son retour, il présente ce mouchoir à sa femme dont l'état, loin de s'améliorer, allait empirant toujours ; elle avait perdu l'usage de la parole. En proie à une indicible angoisse, le pauvre homme redouble de ferveur dans ses prières. Il ne devait pas prier en vain : après vingt-quatre heures d'une sorte de léthargie, on constate un mieux sensible chez la malade. Au bout de quelques jours elle pouvait se lever, et maintenant elle est en parfaite santé. Reconnaissants envers la sainte Madone, les deux époux sont venus ensemble à la chapelle pour y offrir un ex-voto et une somme d'argent destinée à la construction de la basilique.

Nazaréenne Biagetti, épouse de Vincent Mariani de la paroisse des *Petites-Croix* de Castelfidardo souffrait depuis longtemps d'une tumeur interne qui avait fait de tels progrès que la malade était dans l'impossibilité complète de faire le moindre pas. Le chirurgien consulté n'hésita pas à se prononcer pour une prompte opération et ne dissimula pas non plus au frère de Nazaréenne que, si la tumeur ne disparaissait point, sa sœur était perdue sans ressource. L'opération fut donc décidée. Les inquiétudes de la malade et de sa famille s'imaginent facilement. C'étaient, dans la maison, des pleurs continuels. Au milieu de leurs angoises, ces braves gens songèrent à Celle qui est si bien nommée *le Salut des infirmes*. « Allons, dirent-ils, à Campocavallo, demander à la Madone la guérison de cette pauvre Nazaréenne ! » Et, sur-le-champ, le mari de la malade court à la chapelle, fait toucher à la sainte image une chemise de toile et supplie avec larmes la Consolatrice des affligés de vouloir bien prendre sa femme en pitié. Il sent alors la confiance augmenter dans son cœur et, comptant plus que jamais sur la bonté de Notre-Dame, il reprend le chemin de sa maison. A peine arrivé, il fait revêtir à sa femme la chemise qui avait touché le saint tableau. O prodige ! à l'instant même, comme si une main invisible avait agi sur elle, la tumeur interne se rompt et disparaît. « C'est un miracle de la Madone ! » s'écrient les assistants. Et l'on

pleure d'émotion et de reconnaissance. Quand le chirurgien qui soignait Nazaréenne revint la voir, il fut bien
étonné de constater que la tumeur n'existait plus.

Un jeune homme de seize ans, Pierre Petracci, de Massa-
fermana, tomba malade en avril 1893. On crut tout
d'abord à une simple indisposition. Mais on se trompait
gravement : en deux jours le jeune homme fut à deux
doigts de la mort. « Je ne le sauverai pas, dit le médecin à
« sa mère : je suis en présence d'une double pneumonie
« qui aurait dû être combattue dès le début. Vous m'avez
« appelé trop tard. Hâtez-vous maintenant de faire venir
« le médecin de l'âme, puisque celui du corps ne peut
« plus rien. »
La douleur de la pauvre mère fut d'autant plus poignante qu'elle n'avait que cet enfant, et qu'elle se trouvait seule alors ; son mari était absent et ignorait complètement la maladie de son fils unique. Elle ne perd pas
courage, elle va chercher un prêtre et l'amène près du
petit malade, afin qu'il lui administre les derniers sacrements, puis elle court au télégraphe pour avertir son
mari du malheur qui les menace et l'inviter à revenir au
plus vite.   À la réception de cette dépêche le pauvre
père fut saisi d'un violent chagrin ; mais il songea aussitôt à la Vierge de Campocavallo dont les merveilles étaient
dans toutes les bouches. Chemin faisant, il ne cessait
d'invoquer la douce Madone : « O Vierge sainte, lui disait-
« il, je vous en conjure par les douleurs que vous avez
« endurées dans la passion de votre fils, ayez pitié de
« moi, et guérissez mon Pierre ! »
A son arrivée chez lui, il y eut une scène déchirante.
Son pauvre enfant était étendu sur un lit de douleur,
respirant à peine, ne donnant presque plus signe de vie ;
il allait donc le perdre à l'âge de seize ans, au moment
même où il fondait sur lui les plus belles espérances !
Près du jeune malade, François Petracci apercevait sa
femme tout en larmes, abîmée dans la désolation, à bout

de forces. A ce spectacle le père ne put retenir un gémissement douloureux ; mais élevant de nouveau son cœur vers la sainte Madone : « O ma bonne mère, s'écria-t-il, « si vous me rendez mon fils, nous irons tous les trois « vous remercier à Campocavallo et nous vous garderons « une reconnaissance éternelle. » Cependant le curé de la paroisse qui était présent, et qui savait le cas désespéré, cherchait à donner du courage aux deux époux et les exhortait de son mieux à la résignation. « Ne vous « illusionnez pas, leur disait-il ; humainement parlant, « votre fils n'est plus pour ce monde. Soumettez-vous à « la volonté du Père céleste. »

La mort, en effet, approchait à grands pas. et François Petracci ne le voyait que trop bien. Malgré tout, il espérait en la bonté de la Madone et ne cessait pas de l'implorer. Pendant la nuit aucun changement ne se manifesta dans l'état du petit malade qui semblait toujours prêt à rendre le dernier soupir. Mais, tout à coup, vers deux heures, le jeune homme sort de sa prostration, jusque-là si profonde et si alarmante, il ouvre les yeux, il parle à ses parents. Ce n'est qu'un cri dans l'appartement, un cri de joie et de reconnaissance envers la Sainte Vierge : « La Madone nous a exaucés ! la Madone nous a exaucés ! Bénie soit Notre-Dame ! » A compter de ce moment la maladie qui devait amener la mort disparut graduellement, de la façon la plus sensible et bientôt le jeune Pierre Petracci fut en parfaite santé. Le 24 septembre 1893, il vint avec ses parents, accomplir la promesse que son père avait faite à la divine Mère de Campocavallo.

Un homme d'une cinquantaine d'années, Augustin Staffolani, de Filottrano, tomba de sa voiture et se cassa une jambe. C'était le 6 février 1893. On s'empressa de donner au blessé tous les soins imaginables ; mais on ne put parvenir à rapprocher les deux parties de l'os brisé, de façon à ce que la soudure s'opérât comme il le fallait. Pendant trois mois le pauvre homme endura de cruelles

souffrances et fut forcé de demeurer immobile. Malgré la surveillance active et les soins du chirurgien, le mal prenait une si mauvaise tournure que le mot d'*opération* fut prononcé devant le patient. Dans le public cette opération était nommée par son vrai nom : on savait du chirurgien même qu'il s'agissait d'une *amputation* de la jambe. C'était grave, comme on le voit. Le chirurgien finit par avouer à Augustin Staffolani qu'il avait épuisé les ressources de son art, et qu'il fallait recourir au moyen extrême. Cette nouvelle jeta le blessé dans un profond chagrin. Un jour, qu'il était plus affecté et plus abattu que de coutume à la pensée de rester estropié jusqu'à la fin de sa vie, il se dit à lui-même : « La Madone de Cam-
« pocavallo accorde bien des grâces, qui sait si elle ne
« daignera pas me prendre en pitié comme tant
« d'autres ?... » Et ouvrant son cœur à la confiance il conçoit le projet d'un pèlerinage à Campocavallo.
« Avant d'aller à l'hôpital, dit-il à sa famille, je désire
« que vous me transportiez à la chapelle de la *Madonna*
« *addolorata.* » La prière du blessé fut accueillie avec empressement, et au mois de juin il arriva au sanctuaire. Il resta deux jours à Campocavallo, logeant chez des contadini du voisinage. On le porta devant la sainte image. Avec quelle ferveur et quel accent de confiance il implora le secours de Marie, il serait difficile d'en donner une idée. La Mère des miséricordes prêta l'oreille aux prières de son enfant. Rentré chez lui, il s'aperçoit qu'un changement notable s'est opéré dans sa jambe ; il essaye aussitôt de faire quelques pas, et il réussit. Dans sa joie, il ne cesse de répéter : « Me voilà guéri ! La Madone m'a guéri ! » Encouragé par cette première expérience, il jette une béquille. O merveille ! il peut marcher dans sa chambre avec l'autre, sans difficulté. La guérison totale ne se fit pas attendre : au bout de peu de jours, Augustin Staffolani oubliait son autre béquille et marchait sans aucun soutien, absolûment comme avant sa chute. Ceux qui connaissaient l'état du blessé avant son pèlerinage

disaient unanimement : « Sa guérison est un miracle de la Madone de Campocavallo ! » Au mois de septembre suivant, le jour de la Nativité de la Sainte Vierge, Staffolani est venu suspendre ses béquilles aux murailles du petit sanctuaire et remercier sa charitable bienfaitrice.

Pour le récit qui va suivre, nous allons laisser la parole au chapelain de Campocavallo :

« L'année dernière, aux approches de l'été, nous entendîmes un soir quelqu'un pleurer dans l'église. Aussitôt nous y descendîmes et nous aperçûmes un jeune homme d'environ vingt-cinq ans qui se lamentait tout haut, disant à la Sainte Vierge : « Au « secours ! je me meurs ! « O Madone, aidez-moi !

Les foules accourent à Campocavallo.

« Je n'en puis plus. » Nous nous approchâmes alors de ce jeune homme pour apprendre de lui la cause de sa souffrance ou de son chagrin. Malgré la grande difficulté qu'il éprouvait à parler il nous fit le récit suivant :

« Je m'appelle Joseph ; je suis le fils de Louis Brus-
« chini et j'habite la paroisse de la Madone du Mont de
« Macerata. J'ai vingt-cinq ans, et depuis treize, je souffre
« d'une maladie que les médecins ont déclarée incurable ;
« ils m'ont dit que je n'en guérirais jamais. » Après nous avoir exposé son état de santé il ajouta : « Je sens à l'esto-
« mac quelque chose qui m'empêche de respirer. Je ne
« puis manger rien de solide ; je ne peux boire ni eau ni
« vin, et je ne me soutiens chaque jour qu'à l'aide de
« quelques gouttes de bouillon. »

« Le pauvre jeune homme était si maigre et si défait que sa vue faisait pitié. Le mal qui le minait l'ayant courbé en deux d'une manière affreuse, nous pensâmes qu'il était affecté de quelque tumeur interne d'une nature incurable. Pour le faire pénétrer à la sacristie nous dûmes demander le secours de deux personnes : il ne tenait pas sur ses jambes et semblait arrivé à ses derniers moments. Humainement parlant, la guérison de ce malade paraissait impossible. Toutefois, confiant dans la bonté de la Vierge des Sept-Douleurs qui prodigue à pleines mains ses bienfaits, nous exhortâmes le pauvre Joseph à mettre toute son espérance en celle qu'on appelle le *Salut des infirmes.*

« Il resta plusieurs jours à Campocavallo, passant la plus grande partie du temps à prier dans la chapelle ; mais son état ne changeait point. Il se confessa et communia avec une grande dévotion. Toutefois, avant de partir, bien que souffrant toujours beaucoup, il lui sembla res-sentir une légère amélioration. Il regagna Macerata et nous ne songeâmes plus à lui.

« Deux mois après, pendant que nous étions occupé à nos affaires, le jeune François Antonelli, qui sert à la sacristie, nous appelle et nous dit :

— Monsieur le Curé, il est dans l'église, ce jeune homme qui était si malade ; il est guéri.

— Quel jeune homme ? répondîmes-nous. (Il en vient tant implorer la Vierge des Sept-Douleurs.)

— Ce jeune homme qui, s'il vous en souvient, ne pouvait respirer et resta ici quelques jours, accompagné d'une de ses sœurs habitant à peu de distance de Campocavallo.

« Le souvenir de Joseph Bruschini nous revint alors : « Appelle-le, et dis-lui de venir à ma chambre : je désire lui parler. »

« Le jeune Antonelli obéit et, un instant après nous nous trouvions en présence de celui que nous avions tout lieu de croire mort.

« Quoi ! bon jeune homme, lui dîmes-nous avec étonnement, vous ici ?.. Et votre maladie ?.. La Madone vous a donc guéri ?

— Monsieur le Curé, je vais maintenant très bien. Après ma visite à la Vierge bénie il m'a paru que je renaissais à la vie, alors qu'autour de moi chacun s'attendait à me voir mourir. La main de notre mère du Ciel apparaît visible dans ma guérison.

— Vraiment oui, mon cher, vous êtes un privilégié de la Vierge... Pourquoi vous le cacherais-je ? Je vous croyais mort... Et maintenant, travaillez-vous ? Pouvez-vous manger ?

— Parfaitement, Monsieur le Curé. Je travaille comme les autres et je mange de tout, sans dégoût aucun. Mon estomac est revenu à son état normal. Il ne m'est resté de ma maladie qu'une bien légère trace : ma respiration est parfois un peu gênée ; mais c'est si peu de chose !.. J'espère que la Madone me débarrassera encore de ce petit désagrément et complètera ainsi ma guérison.

— Moi aussi, je veux l'espérer, et, si vous demeurez bon chrétien, je ne doute pas que la Sainte Vierge ne satisfasse entièrement votre désir.

« Et après avoir remercié avec cet heureux jeune

homme notre divine Mère, nous lui conseillâmes, puisqu'il le pouvait, de faire encore le pèlerinage de Campocavallo et de nous dire ensuite si la Sainte Vierge l'avait totalement exaucé ; puis nous le congédiâmes.

« Le fait que nous venons de rapporter, s'il n'est pas miraculeux, est au moins fort étonnant, si l'on veut bien remarquer que le jeune Joseph Bruschini avait renoncé à toute espèce de remède. »

M. le Curé de la chapelle de Campocavallo est bon narrateur : nous allons encore l'écouter nous raconter le trait suivant :

« Le 19 septembre 1892, se présenta dans ma chambre la dame Annonciade Paesani, de la paroisse de Fiene de Filottrano, venue dans cette chapelle pour remercier la Madone des Sept-Douleurs à cause d'une grâce obtenue par sa médiation. Elle me dit que son fils Pacifique, âgé de onze ans, qui l'accompagnait, était depuis cinq ans atteint d'épilepsie. Il avait des accès qui se renouvelaient cinq ou six fois dans la même journée. Le pauvre enfant, pâle, amaigri, taciturne ne laissait rien paraître de la vivacité de caractère ordinaire aux enfants de son âge jouissant d'une bonne santé : sur ses traits délicats on lisait au contraire la gravité du mal qui le minait depuis longtemps. J'ajoute que chaque crise le jetait dans un état d'idiotisme qui, bien que momentané, pouvait cependant, vu la fréquence des accès, être considéré comme à peu près permanent, de telle sorte que le pauvre enfant n'avait presque jamais conscience de lui-même. En le regardant, il n'était pas malaisé de conjecturer sa fin prochaine.

« Lorsque le bruit des prodiges de Campocavallo se répandit au loin, la mère du jeune Pacifique, confiante en la bonté de la Très Sainte Vierge, prit la résolution de conduire son enfant à la chapelle afin d'obtenir sa guérison. Elle vint donc ici avec lui, le 20 juillet 1892.

« O prodige ! de retour chez lui, l'enfant n'éprouva plus

aucune crise de son terrible mal : la Madone l'avait
guéri.

« Après que la mère de Paesani nous eut fait son récit,
nous lui demandâmes si elle pourrait nous affirmer *sous
la foi du serment* ce qu'elle venait de nous raconter.

—- Volontiers, ré-
pondit-elle, et non
seulement moi, mais encore ces
femmes qui m'ont accompagnée.

« De fait, Dominique San-
ticchia, compagne de Madame
Paesani, n'hésita pas à nous parler en ces termes :

« J'affirme sous la foi du serment que le jeune Pacifique Paesani, fils de cette dame, était vraiment atteint de
la maladie dont on vient de parler, et qu'en ce moment
il en est entièrement guéri puisqu'il n'a plus aucune
crise. »

« Nous prîmes note de cette déclaration ainsi que de

Paysans apportant les matériaux de la Basilique.

plusieurs autres afin d'attendre, avant de publier cette guérison, qu'elle fût parfaitement assurée.

« Environ un an après, le 20 octobre 1893, je vois entrer dans la sacristie un gentil enfant, aux cheveux noirs bouclés, aux joues roses, aux lèvres souriantes. Il m'aborde et me demande un peu de l'huile de la lampe qui brûle devant la Madone. Je lui donnai immédiatement satisfaction, puis je lui dis :

« Mon enfant, d'où êtes-vous ? Etes-vous d'Osimo ? »

« Et, comme s'il eût été blessé de ma question, il me répondit vivement :

— Mais quoi !.. Je suis de Filottrano ; vous me connaissez bien !..

— Non, mon enfant, je ne vous connais pas ; je ne crois pas même vous avoir jamais parlé.

— Comment ! vous ne vous rappelez pas ce jour où je suis allé dans votre chambre et où vous avez écrit en ma présence ce qui m'était arrivé ?

— Que vous est-il donc arrivé ? Je n'en sais rien : racontez-moi un peu cela.

— Attendez un instant : je vais appeler maman qui est dans la chapelle ; vous apprendrez tout de sa bouche. » Et le voilà parti.

— Une minute après, l'enfant revient accompagné de sa mère qui me remet en mémoire ce que j'ai rapporté ci-dessus. Elle ajouta que son fils était guéri depuis le mois de juillet 1892, époque à laquelle il vint à Campocavallo. Depuis lors il n'avait subi aucune crise d'épilepsie, ce qui lui avait permis de commencer à apprendre le métier de tailleur. »

CHAPITRE IV

Les Guérisons *(Suite et fin).*

Taie disparue. — Pneumonie mortelle. — Le petit peloton. — Guérison du croup. — Guérison de la goutte. — Mal d'yeux guéri. — Guérison du mal caduc. — L'aliéné de Reggio. — Le petit boiteux. — La petite boiteuse. — Guérison d'une arthrite. — Guérison d'un asthme déclaré incurable. — Guérison subite d'une femme estropiée. — Guérison d'une péritonite. — Guérison subite d'un œil malade. — Guérison de Mme Herpe, de Mme Beck et de Mme Dolivet. — Le jeune épileptique. — Guérison de deux religieuses de Notre-Dame de Charité. — Guérison d'une religieuse de Roubaix. — Plaie cicatrisée. — Guérison d'une méningite — Guérison d'une entorse — Guérison d'un érésypèle. — Trois certificats qui ne laissent point de doutes. — Un petit malade incapable d'illusion.

Une femme de la paroisse de Curanova, Candide Mazzieri, vint un jour à la sacristie de la chapelle de Campocavallo en compagnie d'un de ses enfants nommé Nazzareno qui, à la suite d'un accident, avait perdu l'œil droit. Une sorte de voile blanc s'était étendu sur la pupille et la recouvrait entièrement.

« Que désirez-vous? dit le chapelain à cette femme.

— Je vous prie de donner à cet enfant une bénédiction. Il en a grand besoin : voyez en quel état est son œil droit !

— Il faut consulter un médecin, reprend Dom Sorbellini. Dieu, tout en voulant que nous recourions à lui dans nos infirmités, veut aussi que nous fassions usage des remèdes capables d'amener notre guérison.

— Je n'ai pas non plus négligé de voir des oculistes ; l'un m'a dit que cet œil ne guérirait pas, un autre qu'il faudrait tenter une opération dans quelques années, parce que maintenant l'enfant est encore trop jeune. Je vous avoue que j'aime beaucoup mieux confier la guérison de mon enfant à la sainte Madone, et c'est pour cela que je suis venue ici. »

Le chapelain donna volontiers à l'enfant la bénédiction que désirait sa mère et il leur recommanda à tous deux de prier avec confiance la Vierge qui s'appelle le Salut des infirmes ; puis Candide Mazzieri et son fils repartirent pour Curanova.

Au bout de quelque temps ils revinrent voir Dom Sorbellini qui les reconnut bien.

« C'est là, dit-il, l'enfant que j'ai vu dernièrement. Et l'œil droit, comment va-t-il maintenant ?

— Fort bien, Monsieur le Curé, répond la mère. Regardez plutôt : la guérison est parfaite. A partir du jour de notre premier pèlerinage, la taie a commencé à s'effacer et aujourd'hui elle est entièrement disparue. Nous venons remercier la Très Sainte Vierge. »

Dom Sorbellini put en effet constater avec admiration que l'enfant avait les deux yeux également sains et que le droit ne conservait aucune trace de maladie.

Le jeudi de Pâques 1893, Angèle Cecconi, de la paroisse Saint-Claude de Pausola, fut atteinte d'une pneumonie qui, en peu de jours, la conduisit aux portes de la tombe. Après lui avoir inutilement prodigué les soins les plus empressés, le médecin déclara que la maladie était incurable, et qu'à moins d'un miracle Angèle Cecconi n'en réchapperait pas. A cette nouvelle, sa famille tomba dans une désolation profonde : cinq enfants allaient perdre en elle une mère bien-aimée et une excellente éducatrice. Ce fut en leur présence qu'on administra à la mourante les derniers sacrements. Celle-ci cependant ne désespérait pas de revenir à la vie. Ne pouvant articuler une parole, elle se recommandait de tout son cœur à la Madone de Campocavallo. On lui passa une de ses images et aussitôt elle l'approcha avec confiance de sa poitrine. O prodige ! au contact de cette image bénie, un mieux subit se manifesta et tous les assistants le constatèrent en s'écriant : « C'est là un vrai miracle ! » et tous ces cœurs passèrent de la désolation la plus grande à la joie la plus vive ; ils ne savaient comment exprimer à la douce Madone la reconnaissance dont ils étaient pénétrés. Cette amélioration ne fut pas momentanée ; elle alla s'accentuant tous les jours davantage, de telle sorte qu'en peu de temps la malade fut entièrement rétablie.

Un enfant de sept ans, Henri Gatti, de Lorette, était atteint depuis deux ans d'une maladie de l'épine dorsale. Cette infirmité le forçait à marcher tout courbé, les mains sur les genoux et la tête penchée presque jusqu'à terre.

De temps à autre, le pauvre enfant éprouvait des douleurs tellement aiguës qu'elles lui arrachaient de véritables hurlements et que, pour employer l'expression de sa mère, elles avaient fait de lui un *petit peloton*. Tous les médecins consultés avaient déclaré la guérison impossible ou du moins très douteuse. L'un disait : « Le pauvre enfant a une maladie bien grave, il souffrira beaucoup. » Un autre : « C'est un mal horriblement difficile à guérir : sur mille c'est à peine s'il en échappe un. » A la suite de ces paroles si peu réconfortantes, la mère du petit malade s'abandonna à la plus vive douleur et, n'ayant plus aucun espoir dans les remèdes humains, elle se tourna vers Notre-Dame de Campocavallo. Pleine de foi en la bonté de la Mère de Dieu, elle vint au sanctuaire demander à la Sainte Vierge ce que les hommes étaient impuissants à lui accorder, c'est-à-dire la guérison de son petit Henri. Quand elle quitta la chapelle, aucun changement ne se faisait remarquer dans l'état de l'enfant. Mais la nuit suivante, contrairement à ce qui lui arrivait toujours, il ne ressentit aucune douleur. Les jours suivants, le petit infirme alla de mieux en mieux. Maintenant il est parfaitement guéri, marche droit comme les autres enfants, et rien dans sa personne ne rappelle le *petit peloton* qui inspirait à tout le monde une si grande pitié. Il est venu avec sa mère remercier la douce Madone, et le chapelain de Campocavallo a pu constater qu'il est aussi sain, aussi alerte, aussi ingambe que n'importe lequel des petits *contadini* du voi-inage.

Une petite fille de trois ans, Lydie Ruggieri, de la paroisse de Numana, fut atteinte, au mois d'avril 1893, de la terrible maladie du croup. En peu de jours, elle fut à toute extrémité. Elle ne pouvait plus respirer et ne donnait plus signe de connaissance. A sa dernière visite, le médecin perdit tout espoir de la sauver : « Elle en a tout au plus pour deux heures, » dit-il à la mère de la petite malade. En présence du malheur qui la menaçait et voyant que personne au monde ne pouvait le conjurer, la pauvre femme prit une image de la Madone de Campocavallo, l'approcha de l'enfant et s'écria : « Très sainte Mère, ne laissez pas mourir ma fille ! Je vous en supplie, rendez-lui la santé ! » Puis, comme si elle eût été certaine que la Sainte Vierge eût exaucé sa prière : « Ma Lydie, comment es-tu? Parle-moi !... La Madone t'a guérie, n'est-ce pas? » L'enfant ne répondant point : « Parle-moi donc ! Tu ne me dis rien !... Eh bien ! je ne te garderai plus avec moi ! » Et ce disant, cette mère hors d'elle-même, inconsciente des paroles que la douleur lui faisait prononcer, se levait pour sortir de sa maison. Tout à coup la petite mourante se soulève et lui dit : « Maman, je te suis. » Courir vers sa fille, l'embrasser, pleurer de joie, remercier la Madone, tout cela fut l'affaire d'un clin d'œil. L'enfant était en effet rappelée à la vie, et elle devait sa résurrection subite à l'inépuisable bonté de Marie, salut des infirmes et consolatrice des affligés.

Une jeune fille de Sirolo, Maria Giovagnoni, était atteinte de la goutte et clouée sur un lit de douleurs. Comme elle n'était capable d'aucun mouvement, plu-sieurs personnes devaient l'aider chaque fois que la fatigue l'obligeait à changer de position. Ses souffrances ne diminuant point, Maria Giovagnoni pria sa sœur Annunziata d'aller pour elle en pèlerinage à Campocavallo

et de faire toucher quelques objets à la sainte image de
Marie. Et l'infirme se recommandait elle-même à la Ma-

done et la suppliait de venir à son secours. Tout à coup,
dans la matinée, vers dix heures, elle se trouve guérie.
D'un bond elle s'arrache de son lit, au grand étonnement

Le saint Tableau entouré de ses ex-voto.

des personnes qui la soignaient et qui connaissaient ses vives souffrances. Mais cet étonnement se changea en admiration et en élans de reconnaissance quand on apprit que la guérison s'était produite à l'heure même où Annunziata, sœur de la malade, se prosternait aux pieds de Notre-Dame de Campocavallo.

Antonio Trillini, enfant de huit mois, fut atteint d'une maladie d'yeux qui se traduisait par un tremblement perpétuel des paupières. Sa mère inquiète à cause de cette infirmité persistante, se décida au bout de quelques mois à consulter un médecin. « Votre enfant, lui fut-il répondu, guérira *peut-être* en grandissant; pour le moment il n'y a pas grand'chose à essayer. »

La pensée vint alors à cette femme de se rendre à Campocavallo pour faire toucher aux yeux bénis de la Madone un foulard destiné à l'enfant. Aussitôt que ce foulard eut été appliqué sur les yeux du petit Antonio, une amélioration sensible se montra et au bout de peu de temps il fut complètement guéri.

Au mois de mai 1894, Annette Patrizi, de Monte-Cassiano, femme d'une cinquantaine d'années, se présenta au Rév. Dom Sorbellini, chapelain de Campocavallo : « Pourquoi donc, Monsieur le Curé, lui dit-elle d'un air de reproche, n'avez-vous pas publié le miracle opéré en ma faveur par la *Madonna* ? Vous êtes cause que des personnes affligées de la même maladie que moi ne songeront pas à implorer leur guérison par l'intercession de la Mère des Douleurs. »

— Je ne comprends pas, répond le prêtre, ce à quoi vous voulez faire allusion : je ne vous connais pas du tout et j'ignore encore mieux la grâce que la Madone vous a obtenue. Je veux bien croire que vous dites la vérité; mais j'aimerais vous entendre raconter le fait que vous cherchez à me rappeler.

— Comment ! Je suis déjà venue ici plusieurs fois en

pèlerinage d'action de grâces, et j'ai expliqué à un prêtre, dans la sacristie même, ce que la Sainte Vierge a fait pour moi.

— C'est bien possible ; mais soyez persuadée que la grâce dont vous parlez n'est point venue à ma connaissance. Je vous écoute. »

Et cette femme se met en devoir de faire au Révérend Curé le récit suivant :

« Depuis seize ans, je souffrais du mal caduc et j'en éprouvais de fréquentes attaques. J'étais bien malheureuse, n'osant me hasarder à faire la moindre petite sortie dans la crainte d'éprouver quelque crise en chemin. Je m'adressai aux médecins, mais bien inutilement. L'an dernier, dans les premiers jours de juin, je vins ici, sur l'avis même d'un docteur. Je priai la Reine du ciel de m'être propice et d'obtenir du Sacré Cœur de Jésus ma prompte guérison. Au moment même où je me tenais suppliante devant la sainte image de l'*Addolorata*, un accès d'une violence extraordinaire me renversa par terre. Ceux qui étaient là et savaient la cause qui m'y amenait moi-même ne se doutaient guère alors que ma prière était exaucée. Quelques heures après cette épouvantable crise, je priai une dernière fois la *Madonna* et je retournai à Monte-Cassiano. A compter de ce jour-là, je n'ai pas eu une seule attaque ; j'ai subi la dernière sous les yeux de Notre-Dame. Il y a de cela un an moins quelques jours. Oh! je serai bien reconnaissante envers Marie ! Si je ne demeurais pas si loin de sa chapelle, tous les jours on me reverrait à ses pieds. La bonne Mère ne s'est pas bornée à me guérir : elle a poussé la bonté jusqu'à me rendre témoin du merveilleux mouvement de ses yeux bénis. Oh! qu'elle a été bonne pour moi, la Vierge des Sept-Douleurs! Jamais je ne pourrai la remercier assez. »

Une dame de Reggio vint, au mois de juin 1893, à la chapelle de Campocavallo dans le but d'obtenir la guérison d'une personne qui lui était chère. Elle avait mal choisi son jour pour être témoin du prodigieux mouvement des saintes pupilles de la Madone, car il y avait, quand elle arriva, une affluence extraordinaire de pèlerins. Le Révérend curé Dom Sorbellini fit monter cette dame, ainsi qu'une personne de sa compagnie, dans la petite chambre qui communique par un vasistas avec la chapelle. De là elles purent entendre la messe et prier à loisir.

Il s'agissait d'obtenir une grande faveur : la guérison d'une personne atteinte de folie depuis 1889, et alors pensionnaire dans un asile d'aliénés. Les médecins désespérant de la guérison du malade, cette dame demandait donc une grâce bien voisine du miracle. Pleine de confiance en la bonté de Marie, elle agit comme si elle eût été déjà exaucée et déposa, en ex-voto, une épingle d'or, enrichie de cinq brillants qui orneront le diadème de la Reine des Martyrs au jour de son couronnement solennel. La douce Madone eut pour agréables la prière et l'offrande. A son retour à Reggio, la dame put constater que l'état du pauvre malade, loin de s'améliorer, semblait au contraire devenir de plus en plus grave : il eut un accès si terrible que l'on craignit sérieusement pour sa vie. Mais c'était précisément l'heure de la grâce qui sonnait alors. Le médecin eut en effet la pensée d'user d'un remède énergique à la suite duquel le malade a été délivré de tout accès. Aujourd'hui il est parfaitement guéri, s'occupe de ses affaires et remercie la Vierge de Campocavallo qui l'a miséricordieusement sauvé.

Nazzareno, fils de David Morganti et de Paschaline Vignati, demeurant à Montecosaro, dans la paroisse de la Collégiale, était âgé de neuf ans, lorsque en septembre 1891, il fit une chute qui lui disloqua l'os de la hanche droite. A la suite de cet accident, le petit enfant devint boiteux, en sorte qu'il ne lui était plus possible de marcher sans traîner sa jambe.

Dès que la mère se fut aperçue de l'infirmité de son enfant, elle le fit visiter par un médecin. Mais celui-ci, soit que la mère ne se fût pas bien expliquée, soit qu'il ne crût pas à la gravité du mal à la suite du récit de l'accident, sans visiter sérieusement l'enfant, répondit que ce n'était pas grave, et que dans peu de temps l'enfant serait guéri. Comme Nazzareno continuait à boiter, sa mère le conduisit de nouveau chez le médecin, pour qu'il l'examinât avec plus d'attention. La visite fut sérieuse, et le docteur déclara ouvertement que le mal était incurable. On fit alors visiter l'enfant par d'autres médecins qui portèrent tous le même jugement. Bien plus, la dame Vignati affirme qu'elle demanda à l'un de ces médecins pourquoi son fils ne pouvait pas guérir. Le docteur lui répondit sincèrement que la dislocation étant un peu ancienne (il y avait déjà plusieurs mois que la chute avait eu lieu), la cavité s'était remplie, et qu'on ne pourrait plus remettre la jambe en place, sans faire une opération.

Impossible de décrire la désolation de la mère, quand elle eut entendu cette réponse. Mettant alors sa confiance en la Sainte Vierge beaucoup plus que dans les remèdes humains, elle porta son enfant à Campocavallo, dans l'espoir que la Vierge la consolerait.

« Arrivée dans notre sainte chapelle, devant la Vierge des douleurs, raconte dom Sorbellini la dame Vignati commence à implorer avec ferveur le secours de Marie. Elle lui présente son Nazzareno qu'elle avait à ses côtés. Et, ô bonté ! ô puissance de la Reine des martyrs ! la pauvre femme était exaucée.

« De retour chez elle, elle s'aperçoit que l'enfant est guéri. On était au mois d'août 1892. Nous avons demandé à cette femme si le docteur avait de nouveau visité l'enfant après sa guérison. Elle nous répondit : — « J'eus occasion de parler de nouveau au docteur qui m'avait dit que le mal de mon fils était incurable ; le docteur était même en ce moment avec un autre médecin. Quand il eut appris que mon fils était parfaitement guéri, il me demanda comment cela était arrivé. Sans hésiter, je lui répondis franchement que mon fils avait été guéri le jour où je le portai à Campocavallo. Le docteur parut très étonné, le second médecin entendant mon récit me dit : — Avez-vous vu l'enfant marcher bien droit quand il était dans l'église ? — Je ne puis assurer cela, lui répondis-je. — Comment donc vous êtes-vous aperçue, répliqua le médecin, que votre enfant marchait bien droit ? — Je m'en suis aperçue, ajoutai-je, quand je suis arrivée chez moi. Je vis alors que Nazzareno se servait très bien de la jambe qu'il avait toujours traînée depuis la chute. »

« Le récit plein de simplicité, que cette femme fit devant nous et d'autres personnes, dans notre sacristie, était marqué au coin de la plus grande sincérité, et dissipait tout doute qui aurait pu s'élever sur la réalité de l'évènement.

— Et maintenant, votre enfant court-il comme les autres ? lui dîmes-nous encore. — S'il court !... Demandez-le à cette femme et au frère de Nazzareno. » Et en prononçant ces paroles, elle se tournait vers la femme qu'elle avait à côté d'elle, et vers son fils, plus âgé, qui, malade en ce moment, était également venu pour demander sa guérison.

— Mais alors pourquoi n'avez-vous pas fait connaître une si grande faveur qui tient vraiment du miracle ? — Que voulez-vous ? je suis éloignée d'ici, puis je n'en voyais pas la nécessité.

« Comme le lecteur peut s'en convaincre, le fait que nous venons de raconter est inexplicable sans une intervention surnaturelle, attendu qu'il s'agit d'une guérison qu'on ne pouvait obtenir sans faire une opération chirurgicale.

« Nous sommes assuré qu'il y a bien d'autres faits du même genre qui ne parviennent pas à notre connaissance, attendu que l'on croit inutile de nous en adresser la relation. C'est toujours l'histoire des lépreux de

l'Evangile : un seul revint pour remercier le Divin Sauveur.

« Oh ! bénie soit éternellement la Reine des martyrs qui vient sans cesse à notre secours ! ! »

Pascaline Agostinelli fut atteinte d'un mal à une jambe. Les nerfs se retirèrent de telle sorte que la jambe malade se tordit et devint plus courte que l'autre. Le médecin consulté ordonna l'usage du soulier orthopédique avec lames de fer destinées à redresser la jambe. Selon toute apparence, la guérison demanderait du temps.

La mère de Pascaline, sur ces entrefaites, entendit parler des bienfaits de la *Madonna addolorata*. Sans

« Madonna di Campocavallo ! Salvatelo ! » (page 115.)

hésiter, elle porta sa petite fille à Campocavallo et supplia la Sainte Vierge de lui accorder son secours maternel. Quelques jours après l'idée vint à cette femme d'enlever l'appareil orthopédique. L'enfant marcha d'abord sans grande difficulté, puis beaucoup plus facilement; enfin au bout de très peu de temps la jambe était entièrement redressée. Le médecin qui avait soigné la petite estropiée, étant revenu la visiter, ne put s'empêcher de dire : « Ce n'est pas mon appareil qui a redressé cette jambe. » La mère et l'enfant vinrent remercier la Madone des Sept-Douleurs et, en reconnaissance de la guérison obtenue, elles lui laissèrent un petit collier de corail, avec une pièce arabe en argent, les seuls objets de valeur qui fussent sans doute en leur possession.

Madame Antonelli, de Montecassiano, souffrait depuis plusieurs mois d'une très forte arthrite. La pensée lui vint d'envoyer quelqu'un au sanctuaire de Campocavallo pour y implorer la grâce de sa guérison. Aux premiers jours de janvier 1893, l'agent d'affaires de Madame Antonelli se rendit à la petite chapelle et demanda au Recteur un triduum de prières pour la malade. On commença sans aucun délai. Aussitôt l'état de Madame Antonelli s'améliora sensiblement et, en très peu de temps, elle fut guérie. Elle commanda alors un triduum d'actions de grâces et envoya à la chapelle un cœur d'argent en ex-voto.

Madame Lombardi, de la paroisse de Sainte-Marie du Plan de Iesi, avait un asthme arrivé à un degré véritablement alarmant : cette dame pouvait à peine respirer, elle ne travaillait plus, incapable qu'elle était de se mouvoir, et elle était obligée se faire conduire en voiture à l'église, lorsqu'elle se croyait à peu près en état de remplir ses devoirs religieux. Le médecin recourut vainement à tous les remèdes indiqués par la science et finit par déclarer à sa cliente qu'elle ne se guérirait jamais de son asthme.

Ayant donc perdu toute confiance dans les moyens humains, Madame Lombardi vint à Campocavallo accompagnée de son m ri et supplia *la Madonna addolorata* de la guérir ou tout au moins de la soulager. La Très Sainte Vierge ne fit pas attendre son secours : pendant sa prière, la malade se sentit beaucoup mieux ; il lui sembla que tout son sang se renouvelait. Elle quitta le sanctuaire avec la ferme persuasion que Marie achèverait son œuvre de salut. Sa santé en effet alla s'améliorant toujours davantage et en peu de temps redevint parfaite.

« Comment le médecin a-t-il jugé votre guérison ? » demanda Dom Sorbellini à cette femme, quand elle revint à Campocavallo remercier la Madone.

— Dès qu'il eut reconnu que j'étais en bonne santé, répondit-elle, il ne voulut point attribuer ma guérison instantanée à une cause surnaturelle. Je dis *instantanée*, car la veille de mon pèlerinage à Campocavallo, la fièvre me faisait encore bondir dans mon lit et mon beau-père me dissuadait du voyage, dans la crainte que l'agitation de la route n'aggravât ma maladie. Quant au médecin, il déclara qu'avant de se prononcer, il attendrait au moins un an, la maladie pouvant, à son avis, reparaître dans cet intervalle. Or voilà deux ans que, par la grâce de Dieu et l'intercession de la Madone, je suis parfaitement guérie. »

Pascaline Svinci, de Montecassiano, avait depuis bien des années une jambe si malade que, pour faire un pas, une béquille et un bâton étaient devenus indispensables. De plus cette femme avait les pieds mal conformés et se servait de souliers orthopédiques. Elle entendit parler des grâces accordées par la Madone de Campocavallo. Pleine de confiance en la bonté de Notre-Dame, et persuadée qu'elle serait consolée par elle en quelque manière, Pascaline Svinci se rendit à la chapelle de l'*Addolorata*. A peine entrée, elle jeta de côté bâton et béquille, enleva ses chaussures et commença à marcher. Aujourd'hui elle porte des souliers ordinaires et elle marche sans avoir besoin d'aucun appui.

Pacifique Bartoloni, de la paroisse de Passatempo, âgé de trente-deux ans, fut atteint d'une péritonite que le médecin déclara inguérissable. Le danger de mort paraissant imminent, on envoya chercher le prêtre qui s'empressa d'administrer au malade les sacrements des mourants. Les souffrances qu'il endurait étaient indescriptibles : il vomissait le sang à pleine bouche. Bien qu'il fût à ses derniers moments, il avait toute sa connaissance et manifestait souvent sa confiance en la bonté de Notre-Dame de Campocavallo. Aussi voulut-il charger une personne d'aller promptement au sanctuaire, pour y réclamer un triduum de prières devant le saint tableau. On commença aussitôt. A la fin du premier jour, Bartoloni éprouva un mieux très sensible, et à la stupéfaction générale il fut en peu de temps parfaitement guéri. Il vint ensuite avec sa femme à la chapelle de Campocavallo remercier la douce Madone et lui offrir en ex-voto trois cœurs d'argent.

Adélaïde Bertoni, de Ravenne, avait perdu depuis plusieurs années l'œil gauche à la suite d'une maladie. Le jour de l'Épiphanie, 6 janvier 1894, elle s'éveille de grand matin sous l'impression d'une très vive douleur dans l'œil qui était demeuré sain. Elle allume une bougie, mais né peut en supporter la lumière. L'inflammation, l'enflure, la douleur la forcent à comprimer fortement son œil avec un foulard pour éprouver quelque soulagement. Elle se croit bien aveugle, et elle se désespère de ne pouvoir plus vaquer aux affaires de sa maison. Très dévote à saint Joseph, elle le prie avec ferveur et fait sur l'œil malade une onction avec l'huile de la lampe qui brûlait en l'honneur du bienheureux gardien de Jésus. Tout est inutile. Se souvenant alors de ce qu'une personne de ses amies lui avait dit au mois d'octobre précédent touchant les merveilles de Campocavallo, Adélaïde Bertoni place sur son œil l'image de la Madone, que la même personne lui avait offerte ; et, pleine d'espoir en la bonté de Marie, elle lui adresse cette simple invocation : « *O Madonna mia !* O ma Madone ! » *A l'instant même,* la douleur s'évanouit. Il ne resta dans l'œil qu'une petite rougeur qui finit par disparaître dans le courant de l'après-midi.

Les trois attestations qui suivent ont été adressées à la Rév. Mère Supérieure du monastère de Notre-Dame de Charité du Refuge de Lorette et publiées dans la Revue : *Le Saint Cœur de Marie :*

« Vers la fin de janvier 1893, madame Herpe fut prise de douleurs intérieures qui la forcèrent par deux fois à prendre quelques jours de repos. Le 12 février, elle fut contrainte de s'aliter tout à fait. Alors commença la longue série de ces atroces souffrances qui, dans plusieurs crises terribles, la conduisirent à quelques pas du tombeau. Les deux médecins qui la soignaient ne savaient ce qu'il en serait advenu, car la maladie par eux reconnue était une *tumeur à l'intérieur et compliquée d'engorgement.* Vers la fin d'avril, on réussit à espacer les crises et les douleurs, sans toutefois les faire disparaître entièrement. Le médecin nous informa que la malade avait à prendre les plus grandes précautions pendant une année au moins, et il nous dit que les douleurs reviendraient de temps en temps.

« Elle souffrit constamment jusqu'en juin dernier, époque à laquelle elle fut radicalement guérie après un *triduum* et une *neuvaine* faits dans la chambre de la malade devant le tableau de Notre-Dame des Sept-Douleurs de Campocavallo, en union avec les prières des chères Sœurs du monastère Saint-Joseph de Lorette, chargées de représenter madame Herpe aux pieds de la sainte Madone. Circonstance à noter : les douleurs devinrent plus fortes au commencement de la neuvaine pour disparaître entièrement à la fin.

« Cette guérison est authentiquement reconnue. La disparition subite de la tumeur sans laisser de traces, et celle de toute douleur, même la plus légère, depuis trois mois, date de la guérison, constituent, à mon avis, un fait extraordinaire. En conséquence, j'affirme ladite guérison comme véritable, ainsi que la chère malade guérie, qui a signé avec moi la présente attestation, à titre de reconnaissance envers la sainte Madone de Campocavallo, etc.

« *Fait au Roc-Saint-André, le 4 octobre 1893.*

« H. HERPE.   B. HERPE. »

« Je, soussigné, Ignace Beck, demeurant au bourg de la Chapelle, canton de Malestroit (Morbihan), certifie avoir été atteint d'une insolation le samedi 10 juin 1893. Je fus indisposé pendant quinze jours ; ensuite, le mal s'aggravant, une fièvre cérébrale se déclara vers le 25 juin. Depuis cette date jusqu'au 7 août, je fus excessivement malade et je demeurai près de trois semaines sans connaissance ; enfin le médecin qui me soignait recommanda de me faire administrer au plus tôt les derniers sacrements. Le 7 août, ma femme, après avoir lu la petite brochure racontant les miracles de Notre-Dame de Campocavallo, put se procurer une image de la sainte Madone, la plaça sous mon oreiller, suivant l'avis reçu, et commença une neuvaine de prières pour demander ma guérison. A dater de ce moment, un mieux sensible se fit sentir, la connaissance revint peu à peu et je pus être administré le jour même. Le mieux continua à s'accentuer au point que le 14 août, veille de l'Assomption de la Sainte Vierge, je pus me rendre à l'église pour me confesser et communier. Depuis, les forces ne m'ont plus fait défaut ; je me porte si bien que je puis faire chaque jour des courses de plusieurs kilomètres.

« Moi et ma femme, nous devons donc une grande reconnaissance à la sainte Madone de Campocavallo, et chaque jour nous la remercions de sa bonté à notre égard.

« En reconnaissance de cette guérison si prompte, nous avons envoyé une petite offrande pour la basilique qui doit se construire en l'honneur de Celle à qui nous devons une si grande grâce.

« *La Chapelle, le 3 octobre 1893.*

« IGNACE BECK.   ELISABETH BECK. »

« Je, soussigné, Pierre Dolivet, chef de culture au château du Crévy, commune de la Chapelle (Morbihan), certifie avoir eu ma femme affligée de rhumatismes articulaires, vers le 25 août dernier. Traitée par le docteur-médecin, elle ne ressentait aucune amélioration, quand j'entendis parler, par Madame Beck, des guérisons accordées par Notre-Dame des Sept-Douleurs de Campocavallo. Je parvins à me procurer une photographie de la Vierge et je la mis sur la poitrine de la malade. Aussitôt un mieux sensible se manifesta, et le sommeil revint après nombre de nuits blanches. M. Herpe me procura un peu d'huile de la lampe qui brûle à Campocavallo et bientôt un mieux plus sérieux apparut : ma femme put se lever et marcher, bien que le médecin eût dit qu'elle demeurerait au lit pendant quatre ou cinq mois. Aujourd'hui elle est complètement guérie et peut se livrer à toutes espèces de travaux ; elle a été totalement délivrée de ses rhumatismes articulaires environ dix jours après l'application de l'image et de l'huile. Je suis heureux d'attester cette guérison et de remercier ainsi Notre-Dame des Sept-Douleurs de Campocavallo.

« *Château du Crévy, le 3 octobre 1893.*

« P. DOLIVET. »

Le fils unique d'une pauvre veuve, jeune garçon de quinze ans, était atteint d'une épilepsie déclarée incurable par le médecin. « Il n'y a pas de remède, dit un jour le docteur à la mère du malade ; veillez sur lui, afin qu'il ne s'approche jamais trop près ni du feu, ni de l'eau. » Ce fut alors que l'on conseilla au jeune homme une neuvaine à Notre-Dame de Campocavallo et l'usage de ses petites miniatures. Il fit exactement ce qu'on lui avait recommandé. A la suite d'une première neuvaine, les crises devinrent beaucoup moins fortes et le médecin redonna de l'espoir. Après une seconde neuvaine, elles diminuèrent de plus en plus. Maintenant il n'a jamais aucune attaque ; il est parfaitement guéri.

Une religieuse de Notre-Dame de Charité écrivait à la Rév. Mère Prieure du monastère de Lorette : « Je puis bien attribuer le rétablissement de ma santé à l'unique intervention de la Sainte Vierge. D'un tempérament peu robuste, jamais je n'avais eu beaucoup d'appétit ; d'ailleurs j'ai presque toujours souffert de douleurs d'estomac. Il y a un an environ, quelques jours après ma profession religieuse, mes douleurs augmentèrent et je me vis réduite au point de ne plus supporter d'autre nourriture que du lait ; encore en prenais-je en bien petite quantité. Insensiblement mes forces m'abandonnèrent et au mois de juillet dernier (1893), la faiblesse fut si grande que je me vis forcée de garder le lit, ne pouvant plus marcher. Le docteur qui plusieurs fois m'avait déjà auscultée, sans pouvoir me procurer aucun soulagement, déclara à ce moment qu'il n'y avait plus de remèdes et que, ne pouvant prendre l'alimentation nécessaire pour me soutenir, la poitrine allait se trouver prise et dans quelques jours la mort était presque certaine et inévitable. Je toussais beaucoup et j'avais de violentes douleurs dans le dos ; je croyais réellement bientôt mourir, et toute la communauté partageait ma croyance. Ayant lu le récit des nombreux miracles qui se sont opérés et qui s'opèrent encore à Campocavallo, j'eus l'inspiration de recourir à la bonne Vierge et de lui demander ma guérison si c'était bien la volonté de Dieu que je l'obtinsse. Notre Très Honorée Mère accueillit avec bonheur la demande que je lui fis de commencer une neuvaine à Notre-Dame

de Campocavallo. Je redoublai ma confiance et toute la Communauté s'unit à mes prières. Dès le dernier jour de la première neuvaine, je sentis un mieux sensible ; on en recommença une seconde, puis une troisième. Chaque jour je faisais une onction avec l'huile que vous avez bien

Le contadino piétiné par ses bœufs (page 116).

voulu nous envoyer. Progressivement, mes maux d'estomac diminuèrent, la toux disparut dès la fin de la première neuvaine et je commençai à ressentir le besoin de prendre de la nourriture. Je demandai à manger ; ce que je n'avais pas fait depuis un an, puisque je buvais seulement du lait. Maintenant, je suis en bonne voie de guérison ; j'ai même plus d'appétit qu'avant d'avoir été malade. Je ne souffre plus de l'estomac et, avec quelques jours de repos, j'espère reprendre la vie de communauté et travailler, comme toutes nos chères Sœurs, à l'œuvre, si belle qui nous est confiée.

« Mille actions de grâces à Notre-Dame de Campocavallo ! La grande faveur qu'elle vient de m'obtenir n'a fait que redoubler ma confiance et mon amour ; je méritais si peu cette grâce ! Puissé-je y répondre de mon mieux et prouver ma reconnaissance à la Très Sainte Vierge, en étant épouse fidèle, généreuse et soumise de Jésus, son divin et bien cher Fils. »

Une autre religieuse du même ordre a également expérimenté la puissance et la bonté de la sainte Madone de Campocavallo. Voici la relation adressée par sa supérieure à la communauté de Lorette.

« Le 19 septembre 1893 au soir, notre chère sœur Marie de Saint-V... se trouva très mal. Nous envoyâmes chercher le médecin, et M. notre Aumônier la confessa en attendant son arrivée. Dès que le docteur la vit, il nous avertit de la gravité du mal. Nous comprîmes sans peine que le bon Dieu allait nous demander le sacrifice de cette précieuse Sœur converse. Notre douleur n'était tempérée que par la disposition consolante de la malade. « Je ne serai jamais mieux disposée, disait-elle : je viens de faire deux retraites, la retraite générale et notre retraite particulière ; je suis bien contente de mourir. » La propre sœur de la malade l'assistait à ce moment suprême, et toutes deux offraient leur mutuel sacrifice comme savent le faire les vrais enfants de Dieu. Cependant notre édifiante sœur Marie de Saint-V... reçut l'Extrême-Onction et l'indulgence des mourants (elle ne put communier à cause des vomissements) ; nous eûmes alors la pensée de glisser sous sa tête une image de Notre-Dame des Sept-Douleurs et nous allumâmes le cierge que vous nous aviez envoyé. Elle le regardait brûler avec plaisir et s'abandonnait à la volonté de Dieu. Elle nous pria d'aller nous reposer. Il était onze heures et demie quand je me retirai, en disant à la Sœur infirmière de venir me prévenir si elle en voyait la nécessité. Je ne pus guère fermer l'œil. Enfin une Sœur frappe à la porte. Je redoutais d'apprendre une nouvelle fatale : « Ma Mère, rassurez-vous : ma Sœur Marie de Saint-V... a dormi ; elle est beaucoup mieux. » Je respirai alors et remerciai du fond du cœur la Vierge qui nous l'avait guérie.

« Le confesseur et le médecin furent très surpris en apprenant qu'elle était hors de danger : tous deux la croyaient décédée dans la nuit. Notre pieuse Sœur, revenue de si loin, nous disait quelques jours après : « Je ne suis plus la même ; je commence une autre vie ; il se passe en moi quelque chose d'extraordinaire ; ce n'est plus la terre, c'est le ciel qui commence. » En effet notre chère sœur Marie de Saint-V... déjà très édifiante avant sa maladie a reçu en cette circonstance de grâces sensibles, des lumières qui se reflètent dans toute sa conduite. »

A Roubaix (Nord), une Religieuse souffrait depuis quatre ans ; mais depuis un an surtout, elle sentait son mal s'aggraver au point qu'elle ne pouvait supporter aucune nourriture solide, et craignait de se voir forcée de quitter son emploi. Elle était atteinte de tubercules intérieurs et suivait sans résultat un traitement, lorsque ses sœurs eurent la pensée de prier pour elle la Vierge de Campocavallo. Elles écrivirent à la supérieure du monastère de Notre-Dame de Charité de Lorette et la prièrent de vouloir bien intercéder en faveur de leur malade. On accéda avec empressement à leur désir et on leur envoya un fragment de linge qui avait touché aux yeux de la *Madonna addolorata*. La malade reçut ce linge avec reconnaissance et l'appliqua sur la partie la plus atteinte. Dès le lendemain, elle se sentit guérie ; elle put même prendre une nourriture peu digestive, et depuis lors elle continue à se bien porter.

Le 14 mars 1894 des religieuses françaises écrivaient à la Supérieure du monastère de Notre-Dame de Charité de Lorette les lignes suivantes :

« Une enfant, dans une de nos classes, avait depuis longtemps à la jambe une plaie qui la faisait bien souffrir et ne laissait aucun espoir de guérison. On ne pouvait approcher de cette pauvre enfant sans être incommodé de l'odeur qui s'exhalait de sa plaie. Un jour elle se sentit inspirée de faire une neuvaine à Notre-Dame des Sept-Douleurs de Campocavallo, et demanda à sa maîtresse une photographie de la douce Madone. Elle supplia avec ardeur la Sainte Vierge et fut exaucée. La maîtresse n'y fit d'abord aucune attention. Ce ne fut qu'un peu plus tard qu'elle demanda à voir la jambe de l'enfant : Plus de trace de mal : la plaie était complètement fermée ! Bénie soit notre bonne Mère du Ciel... »

Voici une autre relation venant également d'une communauté de France : « Le 16 septembre 1893, une jeune sourde-muette de dix ans, entrée depuis deux jours à l'établissement de nos sourdes-parlantes, tomba malade à la suite d'un refroidissement. Le mal parut grave tout d'abord et d'autant plus inquiétant que l'état de santé de cette enfant, chétive et délicate, avait plus d'une fois inspiré de grandes craintes à ses maîtresses et à ses parents. Le médecin, mandé en toute hâte, crut reconnaître chez sa malade des symptômes, au moins très probables, d'une méningite tuberculeuse. Henriette, d'ordinaire alerte et remuante, gardait au lit une étonnante immobilité, ne consentant qu'à grand'peine à en sortir, poussant des cris, faisant des mouvements brusques pour marquer sa mauvaise humeur d'être troublée dans son repos. Les vomissements étaient fréquents ; la tête était si malade qu'on ne pouvait ni la toucher ni la soulever. Le médecin ordonna de lui mettre de la glace sur le front ou des compresses continuelles d'eau froide ; ce que l'enfant put supporter pendant plusieurs jours sans que sa poitrine délicate en souffrît aucunement, tant était violent son mal de tête. Les yeux de la malade étaient continuellement fermés, et quand on la forçait à les ouvrir, on voyait que la lumière la blessait et que le jour était pour elle un vrai supplice. Le médecin jugeait que la vie de l'enfant était sérieusement en danger.

« Mais le lendemain du jour où Henriette tomba malade, était la fête de Notre-Dame des Sept-Douleurs, notre fête patronale, le 17 septembre. Les religieuses, ses maîtresses, les enfants, ses compagnes, commencèrent aussitôt une neuvaine à la bonne Madone, avec promesse de publier la guérison si la malade chérie échappait au danger qui la menaçait.

« Pendant cinq jours, l'enfant ne prit aucune nourriture, et le mal continua sans pourtant augmenter sensiblement. Le médecin persistant toujours à avoir plus de crainte que d'espoir, on jugea prudent de donner à la malade le saint Viatique et l'Extrême-Onction. La chère petite reçut ces sacrements en toute connaissance et avec grande joie.

« A partir de ce jour un mieux se déclara ; d'abord insensible, il alla toujours en augmentant et, huit jours après la réception des sacrements, le docteur exprima l'espoir d'une guérison. En effet la guérison est venue lentement mais complète. Contrairement à ce qui arrive d'ordinaire dans la méningite, la maladie n'a laissé aucune trace dans la mémoire ni dans l'intelligence de l'enfant. Les maîtresses ont vu là l'effet de la protection de Notre-Dame des Sept-Douleurs, et, dans leur reconnaissance, elles vous envoient, avec le récit de la guéri-

son, une petite offrande pour le sanctuaire de Campocavallo. »

Les religieuses du monastère de Notre-Dame de
Charité d'Ottawa (Amérique du Nord), ont adressé à
leurs sœurs de Lorette les deux récits suivants :

« L'une de nos sœurs, atteinte d'une grave entorse au
pied droit, voulant se donner courage, marchait les premiers jours avec une béquille. A la fin, elle se vit contrainte de garder l'infirmerie. Il y avait déjà neuf jours
qu'elle y séjournait, se demandant quand elle en pourrait
sortir, lorsque tout à coup elle se sentit inspirée de recourir à la divine Mère de Campocavallo. On lui donna un petit
morceau de toile ayant touché au saint Tableau. Avec
une grande confiance, elle l'appliqua sur la partie malade
et elle s'endormit paisiblement pendant Complies.
Comme c'était en carême, on chantait le *Stabat* au
chœur ; réveillée soudainement, notre chère sœur pria
l'infirmière de lui permettre de se rendre à la grille de la
tribune des malades. Cette dernière hésitait, mais la per-
sévérante et heureuse sœur la tira d'inquiétude en marchant d'un pas ferme d'un bout à l'autre de l'appartement, sans aucun appui et criant tout en pleurs : « La
Sainte Vierge m'a guérie ! Je vais demander à notre Mère
qu'elle me fasse descendre avec nos sœurs pour la récréa-
tion. Je suis guérie ! Je suis guérie ! » Le lendemain, elle
descendit pour la messe, et depuis elle a toujours exercé
sa charge de portière avec une énergie nouvelle.

« L'une de nos jeunes novices avait un érésypèle à la
gorge ; elle était ployée en deux par la souffrance et ne
pouvait rien prendre ; le médecin avait peu d'espoir de
la sauver. On commença une neuvaine à Notre-Dame de
Campocavallo, et à toutes les demi-heures, on faisait
prendre à la malade une petite miniature. Son pauvre
gosier était si enflammé que la première miniature fut
rejetée presque aussitôt ; la deuxième, avalée avec beaucoup de difficulté, passa pourtant ; les efforts qu'elle fit

pour avaler la troisième provoquèrent une crise d'étouffement si violente que l'on crut qu'elle en mourrait. Pleine de foi, revenue à elle-même, elle voulut une quatrième, puis une cinquième miniature ; à cette dernière, son corps se raidit tout à coup et elle se trouva guérie. L'érésypèle continua encore un peu sur la figure ; mais maintenant tout est disparu ; la jeune novice suit tous les exercices et, sous peu, elle fera sa profession.

Le docteur Routhier, médecin de la même communauté d'Ottawa, n'a pas hésité à délivrer le certificat que l'on va lire :

« Vers le mois de décembre 1893, j'étais appelé à donner mes services professionnels au monastère de Notre-Dame de Charité.

« La Révérende Sœur Rodriguez souffrait horriblement de douleurs dans l'hypochondre droit et dans l'abdomen ; son état était précaire. La malade avait des vomissements fréquents, bilieux et noirs, avec des alternatives de diarrhée accompagnée de grandes douleurs ; elle ne pouvait prendre aucune nourriture. Il y avait un ballonnement considérable de l'abdomen, de l'estomac et du foie. Le moindre palper, ou seulement les draps sur ces parties malades, déterminaient des douleurs insupportables à la malade. Je constatai la présence d'abcès au foie.

« Ce diagnostic, d'ailleurs, avait été porté en 1892, alors que plusieurs célébrités médicales, réunies en consultation, avaient reconnu cette maladie ignorée depuis longtemps. En effet, dès 1881, la Révérende Sœur, en tournée de collecte aux Etats-Unis, avait fait une chute de voiture sur le côté droit, et peu après les douleurs et le mal extraordinaire avaient commencé à miner sa santé, malgré la science des hommes de l'art, qui l'abandonnèrent comme subissant une maladie incurable.

« En présence d'une telle maladie, je fis appel à toutes les ressources thérapeutiques possibles ; durant près de *huit* mois, je me heurtai au même obstacle de l'incurabilité de cette maladie, et je voyais avec regret l'impuissance de la science, et la mort inévitable pour la patiente.

« Au moment d'extrême faiblesse, je dus cesser toute intervention médicale : la malade vomissait sans cesse et ne pouvait rien prendre. Mon pronostic dé mort étant annoncé au chapelain, je me retirai.

« Le lendemain, on me rappela au monastère, non pour donner mes services, mais pour constater une guérison. La Révérende Sœur Rodriguez, assise dans un fauteuil, était radicalement guérie. Toute douleur, tout vomissement avaient cessé comme par enchantement ; ses forces étaient revenues ; elle prenait du lait, bouillon au potage qu'elle gardait bien, et depuis, jamais sa santé n'a été meilleure. On m'apprit alors que toutes les Religieuses s'étaient mises en prières et avaient demandé à la « Madone de Campocavallo » de manifester dans cette circonstance son pouvoir merveilleux. — Pour moi, je ne puis m'empêcher de considérer cette guérison extraordinaire comme un effet surnaturel que l'art seul n'aurait pu produire.

« *Ottawa, septembre 1894.*

« Dr L.-G. ROUTHIER. »

Le docteur Cannan, médecin du monastère de Notre-Dame de Charité du Bon-Pasteur de Valparaiso (Chili) remettait, en avril 1894, à la Révérende Mère Prieure les lignes suivantes :

« J'atteste que Marguerite, une des pénitentes de ce couvent, souffrait depuis quelques années d'une tumeur abdominale avec grandes déperditions de sang qui avaient lieu par vomissements. La malade était radicalement incapable de marcher, de s'agenouiller ; elle fut réduite enfin à un tel état que sa mort était journellement attendue. Sur ces entrefaites, on lui procura une image de Notre-Dame de Campocavallo devant laquelle elle pria. Le lendemain elle put se lever, courir, se mettre à genoux sans la moindre difficulté, et, jusqu'à ce jour, elle n'a pas cessé d'être en bonne santé. La science médicale ne peut

expliquer cette guérison. Je n'ai jamais vu pareil évènement, et je puis seulement dire que Dieu, qui guérit quand il veut nos infirmités, a mis en action sa Providence d'une manière spéciale en faveur de cette heureuse jeune fille.

« Je donne ce certificat, sur la demande de la Supérieure.

« Dr RICCARD CANNAN. »

En novembre 1894, la Supérieure d'une communauté de Belgique transmettait au monastère de Lorette la relation qui suit :

« Ayant eu occasion d'avoir une image de Notre-Dame des Douleurs de Campocavallo avec deux brochures relatant les faveurs obtenues par son intercession, nous commençâmes une neuvaine pour la guérison d'une de nos Sœurs qui souffrait depuis trois ans d'un ulcère cancéreux à l'estomac. Le troisième jour de cette neuvaine, elle souffrit jusqu'à minuit des douleurs atroces, s'endormit ensuite jusqu'à cinq heures du matin et se trouva radicalement guérie, comme l'atteste le certificat suivant de notre docteur :

« Je soussigné, docteur V. Dewez, déclare avoir donné mes soins depuis trois ans à Sœur Barbe, de l'Institut des Sœurs de Saint-Charles-Borromée, pour une affection de l'estomac caractérisée par les symptômes suivants : Hématémèses fréquentes, vomissements muqueux et alimentaires, douleurs très vives, spontanées, et à l'occasion de l'injection d'aliments. A la palpation, on percevait une sensation de dureté au creux épigastrique, dureté assez circonscrite, comme si la paroi antéro-supérieure de l'estomac était sclérosée ; manque d'appétit total. Pendant ces deux dernières années, Sœur Barbe s'est seulement nourrie d'aliments liquides, et encore ceux-ci causaient-ils de la douleur. A la mi-septembre, les vomissements sanguins ont été considérables, et les douleurs intolérables se sont continuées jusqu'à ces derniers jours.

« Subitement, dans la nuit du 3 au 4 octobre, elle s'est trouvée améliorée et couchée dans le décubitus latéral gauche, ce qui n'était pas arrivé depuis le commencement de la maladie.

« Toute douleur est disparue ; l'appétit est revenu ; Sœur Barbe mange très bien, et digère tout aussi bien. A l'examen objectif, je n'ai plus trouvé aucune apparence de dureté et la langue n'est plus même chargée.

« Liège, le 10 octobre 1894.

« Dr V. DEWEZ. »

En mars 1895, on écrivait de la Trinidad (Antilles) à la communauté de Notre-Dame de Charité de Lorette :

« Veuillez avoir la bonté de faire publier le fait suivant : Mon frère, au commencement de janvier, avait un enfant de trois ans, très malade d'une bronchite. Dans l'espace de trois jours, il avait déjà perdu deux autres enfants par la même maladie. Hélas ! le 6 janvier au matin, le docteur déclarait l'enfant au plus mal... Pauvre petit, nous avons cru pour un moment que déjà il était trépassé. L'idée me vint de lui mettre au cou une de vos petites images de Campocavallo, de faire vœu qu'il porterait un an les couleurs de la Sainte Vierge, et que sa guérison serait publiée. Plusieurs communautés religieuses et des prêtres priaient avec nous. Le soir, à six heures, le docteur nous disait que l'enfant était sauvé, que c'était un miracle, et que seules, les prières avaient pu obtenir une grâce pareille. Amour à la Mère de Douleurs.

« D... »

Nous pourrions multiplier les exemples de guérisons obtenues contre toute espérance par l'intercession de la *Vergine Addolorata* de Campocavallo ; ceux-ci, croyons-nous, suffiront à prouver une fois de plus que l'on ne s'adresse pas en vain à Marie, salut des infirmes et consolatrice des affligés.

CHAPITRE V

Les Conversions.

« Les grâces matérielles qui touchent à notre chair et
à notre sang, et que nous préférons souvent aux grâces
spirituelles dont nous apprécions moins la valeur, sont,
en réalité, peu de chose aux yeux de Dieu. Les biens de
la terre : santé, richesses, bonheur, sont communs aux
bons et aux mauvais. Le Père céleste fait luire son soleil
sur tous ses enfants, fidèles et ingrats. Le don de son
cœur, le vrai signe de son action, c'est quelque chose de
plus précieux, que rien d'humain ni de passager n'égale,
le don générateur des élus, la grâce. Quand le ciel
s'ouvre sur un coin de la terre, c'est surtout pour y faire
descendre, plus abondante, la grâce de Dieu, cette force
vitale qui purifie les âmes, qui les éclaire, et, les arrachant
au mal, les ramène repentantes dans les bras du Bon
Pasteur. Les mains de Marie ne se lassent jamais de
répandre sur les pécheurs ces grâces de conversion.

« A Campocavallo, la vue de cette Image, où la figure
de la Sainte Vierge a une expression de douleur si poignante, touche les cœurs les plus endurcis. Nombre
d'hommes vont à Lorette pour se confesser. « Vous avez
donc vu, leur demande-t-on, la Madone mouvoir ou fer-

mer les yeux ? » Souvent ils répondent : « Non, nous n'avons rien vu, mais ça ne fait rien, nous voulons nous confesser. » C'est la grâce de Dieu qui agit par l'entremise de Celle qui est la Mère des pécheurs. Dans certaines localités avoisinantes où le blasphème était commun, le prodige de Campocavallo l'a fait à peu près disparaître.

« Cette grâce de pénitence et de conversion s'étend aux alentours de la sainte chapelle, et elle rayonne au loin. (1) »

Un soir d'octobre 1892, Dom D*** F***, chanoine de Lorette, se trouvait au chœur, dans la basilique, prêt et rangé avec les autres chanoines pour dire le saint office, lorsqu'il sentit tirer légèrement par derrière sur son rochet. Il se retourne aussitôt et aperçoit un Monsieur déjà d'un certain âge, et paraissant d'une bonne condition, qui lui dit bien humblement : « Mon Père, est-ce que vous ne pourriez pas m'entendre en confession ? » — Si, mon fils, immédiatement. » Le prêtre quitte alors le chœur et invite cet homme à le suivre. « Mais, mon Père, lui dit celui-ci, je ne sais si vous pourrez me confesser : il y a si longtemps que je n'use plus de la confession !.. — Cela ne fait rien, mon ami. Je suis tout prêt à vous entendre... Mais combien y a-t-il de temps que vous ne vous approchez plus du sacrement de pénitence?.. Dix ans?.. — Plus que cela, mon Père. — Vingt ans? — Plus que cela : trente ans ! — Eh bien ! c'est encore mieux !.. Ayez confiance, tout ira bien au saint tribunal. — Mais, mon Père, je ne suis pas seul : il y a là deux de mes compagnons qui voudraient également se confesser. — Fort bien, mon ami ; dites-leur de venir ; je les entendrai après vous? Mais, d'où venez-vous donc ? Vous me semblez étrangers à ce pays. — Mon Père, nous venons de Campocavallo. — Ah !.. Eh bien ! qu'avez-vous vu là ? — Ce que j'ai vu, mon Père, ce que j'ai vu?..

______

(1) R. P. MORTIER : *Le mouvement des yeux*, etc,

J'ai vu la Sainte Vierge ouvrir les yeux et me regarder. Et au moment où elle me fixait, je me suis dit intérieurement : Il est bien temps que j'ouvre les yeux à mon tour et que j'aille me confesser : j'en ai grand besoin ! Mes compagnons avaient vu la même chose. Nous sommes donc venus tous les trois à Lorette, bien décidés à ne pas rentrer dans notre pays sans nous être confessés. » Et ces trois hommes se mirent en devoir de faire une bonne confession.

Dans le courant de décembre de la même année 1892, le chanoine dont il vient d'être question fut abordé, dans la basilique de Lorette, par une femme qui lui dit : « Mon Père, n'allez-vous point me chasser d'auprès de vous ? — Vous chasser ? Et pourquoi ? — C'est que j'ai grand besoin de me confesser, mais il y a si longtemps que je ne l'ai pas fait !.. Je croyais que vous ne voudriez pas m'entendre. — C'est tout le contraire, ma fille. Mais d'où venez-vous donc ? — Je viens de Campocavallo, où j'ai vu la Sainte Vierge me regarder. » Le prêtre lui indiqua son confessionnal. Là, cette femme commença non pas à confesser, mais à hurler ses péchés. — « Parlez donc tout bas, je vous prie, lui dit le confesseur ; on ne proclame pas ainsi ses fautes... Tout le monde va vous entendre. — Eh ! qu'est-ce que cela me fait ?.. La Madone les a toutes vues et elle me l'a bien fait comprendre !.. » Et elle n'en élevait que davantage la voix. Pendant plus d'un quart d'heure le prêtre s'évertua à lui faire entendre raison. A la fin pourtant, elle se décida à parler plus bas, et se confessa avec une grande humilité et des marques non équivoques de repentir.

Un *vetturino* (cocher) qui avait amené une pieuse famille à Campocavallo, entra hardiment, le chapeau sur la tête, dans le petit sanctuaire. A sa contenance et à l'expression de son visage, on pouvait, sans jugement téméraire, penser qu'il n'était pas d'une piété angélique, et que même il était tout prêt à se moquer des dévots à

la Madone des Sept-Douleurs. Voyant toutefois beaucoup de fidèles qui priaient, les yeux remplis de larmes, il se découvrit, regarda la sainte image, et se mit lui-même à prier. Peu de temps après, au sortir de la chapelle, il alla s'asseoir sur un fossé voisin. Là, les deux coudes sur les genoux et la tête entre les mains, il pleurait comme un enfant. Quelqu'un qui l'avait observé s'approche de lui : « Eh bien ! mon brave homme, quoi donc?.. Vous avez « du chagrin? Pourquoi pleurez-vous? » A ces mots, le *vetturino* se lève, et regardant en face son interlocuteur : « Si Dieu me fait la grâce de vivre jusqu'à « demain, dit-il, j'irai me confesser et je changerai de « vie. »

Un pécheur endurci était en danger de mourir : au dire du médecin, c'était l'affaire de quelques jours. Cet homme, cependant, refusait avec obstination les secours

Vue de Lorette.

religieux et ne voulait pas même entendre parler du prêtre. Ses parents eurent alors la pensée de glisser sous son oreiller une image de la Madone de Campocavallo, et prièrent la Très Sainte Vierge de sauver ce pauvre pécheur. Une demi-heure ne s'était pas écoulée que le malade, touché de la grâce divine, demandait de lui-même le prêtre. Il se confessa en donnant les marques de la componction la plus vive, puis reçut le saint Viatique et l'Extrême-Onction. Quelques jours après, il mourait, serrant entre ses mains le Rosaire de Marie, et dans les dispositions les plus édifiantes.

« Depuis quarante ans, écrit une fervente chrétienne, je demandais au Ciel la conversion d'une personne qui m'est unie par les liens du sang, et toujours le Seigneur semblait repousser mes pauvres prières. Enfin j'entendis parler de la Vierge des Sept-Douleurs de Campocavallo et je lus dans l'*Echo* les grâces signalées que tant de personnes obtiennent par l'intercession de cette Vierge. Je conçus alors l'espoir d'être exaucée moi-même. Je la priai de me secourir par les mérites de ses douleurs et de vouloir bien amollir ce cœur endurci dont je poursuivais depuis si longtemps la conversion par mes prières. O prodige ! peu de temps après le Cœur béni de ma céleste Mère a daigné m'exaucer; cette personne qui paraissait s'endurcir de plus en plus, vaincue enfin par la grâce, n'opposa plus aucune résistance et se convertit sincèrement au Seigneur. »

Un homme appartenant à une excellente famille d'O..., dans l'Amérique du Nord, s'étant lié un peu trop intimement avec des protestants, commençait à s'adonner à la boisson. Quinze jours durant il n'avait pas quitté les cabarets, indifférent à sa famille aussi bien qu'à son emploi. L'avenir n'était rien moins que rassurant. Heureusement la femme de cet égaré eut la pensée d'invoquer la sainte Madone de Campocavallo. Elle demanda à l'une des communautés de la ville de vouloir bien s'unir à la neuvaine de prières qu'elle allait entreprendre devant l'image de la *Madonna addolorata* et fit brûler une lampe dans la chapelle du monastère, à l'autel de Notre-Dame de Pitié. La neuvaine achevée, ce monsieur s'approcha du tribunal de la pénitence, fit pieusement ses Pâques, et redevint sobre et tempérant comme il l'était avant ses mauvaises fréquentations. Il disait lui-même que la Madone l'avait transformé, qu'il se sentait tout autre et ne se reconnaissait plus.

La Supérieure du monastère dont on vient de parler avait envoyé des images de la sainte Madone à quatre de ses cousines habitant une contrée presque entièrement peuplée de protestants, et avait joint à ces images des opuscules racontant les faits de Campocavallo. Un jeune Canadien, présent à l'ouverture du petit colis, entendant le récit de ces merveilles et voyant l'image de Marie au pied de la croix, se sentit profondément ému, tomba à genoux et commença à verser d'abondantes larmes : « Ah ! dit-il, depuis ma première communion je ne me suis pas confessé, j'ai négligé tous mes devoirs de chrétien. Je vais étudier de nouveau mon catéchisme et réparer mon passé. » Il tint parole, et s'en retourna à M..., dans son pays natal. Quelque temps après, il écrivait qu'il allait avoir le bonheur de renouveler sa première communion.

Dans la même ville d'O..., une demoiselle était sur le point de contracter mariage avec un jeune employé du gouvernement. Mais, ayant appris qu'il ne s'approchait jamais des sacrements, la pieuse jeune fille résolut de ne point donner suite à ses projets de mariage. Toutefois, avant de se prononcer, elle demanda à Notre-Dame de Campocavallo la conversion de celui qui semblait destiné à devenir le compagnon de sa vie. Elle commença donc une neuvaine pour lui, et aussi pour un de ses amis qui, sans doute, pouvait être un obstacle à son retour à

Dieu, et à la fin de cette neuvaine, la jeune fille eut la joie d'apprendre que les deux jeunes gens s'étaient approchés du sacrement de pénitence et de la sainte table, ce qu'ils ont continué de faire depuis lors.

Un jour que deux religieuses de Notre-Dame de Charité de Lorette priaient devant la Madone de Campocavallo, un homme d'une quarantaine d'années entra dans la petite chapelle. A peine arrivé, il se met à regarder de côté et d'autre, en se donnant des airs d'esprit fort, et disant d'un ton narquois : « Je ne vois rien d'extraordinaire, moi... Je ne sais pas pourquoi l'on fait tant de bruit... *Dove sta questa Madonna ?* où est-elle donc, cette Madone ? » On la lui fait voir. Aussitôt l'homme à la forte tête devient silencieux, met promptement chapeau bas et s'agenouille comme les autres pèlerins : la Sainte Vierge arrêtait sur lui un regard qui devait en dire long. Que se passa-t-il entre Marie et ce pauvre incrédule ? Les religieuses, obligées de regagner Lorette, le laissèrent devant la sainte image. Qu'il se soit converti, cela ne paraît guère douteux.

On peut dire que lorsqu'une âme liée à Satan se convertit au bon Dieu, c'est un vrai miracle de la grâce. Ce miracle vient de s'opérer par l'intercession de Notre-Dame des Sept-Douleurs de Campocavallo. Il y a quelques mois, vivait à X... un homme très instruit dans les sciences humaines, mais surtout dans celles du mal : il était franc-maçon et athée fini ; il avait même positivement abjuré sa foi, et il vivait en cet état depuis bien des années. Humainement parlant, son retour dans le droit sentier était jugé impossible. Bien des prières avaient été adressées à la divine miséricorde pour cet infortuné ; mais, hélas ! sans succès ; on eût même dit que sa méchanceté croissait avec le temps. Sa principale étude était de propager, avec un zèle diabolique, le venin de l'impiété dans les âmes simples, et Dieu sait combien de pauvres

créatures furent par lui scandalisées et précipitées dans
le mal. Heureusement, quelques personnes zélées pleu-
raient et priaient pour lui. Ayant appris les faits de Campocavallo, elles supplièrent la Reine des martyrs d'amollir ce cœur endurci dans le péché, de lui appliquer les
mérites du très précieux sang de Jésus et des douleurs
qu'elle a elle-même endurées au pied de la croix : on
promettait de publier cette grâce aussitôt qu'elle serait
accordée. La Sainte Vierge ne fut pas invoquée en vain.
Un jour cet homme tomba gravement malade et, malgré
l'active surveillance de ses compagnons d'erreur, un
prêtre put providentiellement pénétrer dans la chambre
de l'infirme. La grâce remporta une victoire complète ; l'incrédule, cédant aux instances du religieux, se réconcilia
avec l'Eglise et avec Dieu et reçut les derniers sacrements.
Cette nouvelle plongea dans la stupeur tous ceux qui le
connaissaient ; le malade lui-même croyait revenir d'un
autre monde. Le pécheur converti se trouva mieux après
la réception des sacrements, fit connaître à tous son retour
à Dieu et demanda pardon des scandales qu'il avait
donnés. Quelque temps après, sa maladie s'aggravait de
nouveau et le conduisait à la tombe.

Une dame du diocèse d'A... avait envoyé aux religieuses de Notre-Dame de Charité de Lorette une supplique qui devait être présentée et lue par elles à la
Madone de Campocavallo, supplique dans laquelle cette
dame sollicitait de la bonté de Marie plusieurs faveurs,
entre autres la conversion de certains membres de sa
famille. Quelque temps après, cette dame apprend,
d'une façon toute providentielle, l'état désespéré d'un
de ses frères qui, depuis sa jeunesse, avait complètement
oublié ses devoirs envers Dieu. C'était un *samedi*, vers
dix heures du matin. Aussitôt, elle monte en chemin
de fer et, à une heure de l'après-midi, elle était au
chevet de son frère. Reconnaissant au premier coup
d'œil l'imminence du danger, elle court chercher un

prêtre, malgré les réclamations d'un entourage indifférent en matière de religion. Le prêtre arrive. Chose admirable ! le mourant se confesse sans difficulté et reçoit l'Extrême-Onction en pleine connaissance. Les vomissements seuls l'empêchèrent de recevoir le saint Viatique. A plusieurs reprises, on le vit baiser avec dévotion son crucifix, et, vers quatre heures, il rendit paisiblement son âme à Dieu. La sainte Madone avait envoyé à temps, auprès du pauvre pécheur, la pieuse femme qui avait tant prié pour la conversion de son frère égaré.

Deux hommes, habitant la même paroisse, étaient dangereusement malades. Ils refusaient d'entendre parler du prêtre et plus encore des sacrements, qu'ils avaient abandonnés depuis longtemps. A leur insu, une personne pieuse, amie de leur famille, glissa, dans les médicaments qu'ils devaient prendre, une petite miniature de la Madone de Campocavallo. Le plus malade des deux avait à peine pris sa potion qu'il réclamait un prêtre, se confessait humblement et recevait les sacrements des mourants avec une piété qui édifiait tous les assistants. Quelques jours après, il mourait en bon chrétien.

L'autre accomplit également tous ses devoirs avec les dispositions les plus consolantes.

Une personne avait écrit au Directeur du sanctuaire de Campocavallo pour le prier de recommander à la sainte Madone l'un des membres de sa famille, dont l'état était des plus alarmants et qui refusait avec obstination tout secours religieux. Au bout de quelques jours, le chapelain reçut une nouvelle lettre dans laquelle on lui disait qu'au moment où il avait dû recevoir la première et faire prier la Très Sainte Vierge, le malade, touché de la grâce, réclamait lui-même les derniers sacrements, les recevait de la façon la plus édifiante, et mourait peu après dans la paix du Seigneur.

En avril 1894, la Supérieure des religieuses de Notre-Dame de Charité de Lorette recevait le billet suivant : « Avec une vraie joie, je viens vous faire part d'une grâce obtenue par l'intercession de la sainte Madone.

Une personne, que je lui avais recommandée dans une supplique, ne faisait plus ses Pâques et n'assistait plus à la messe le dimanche depuis cinq ans. Je viens d'apprendre qu'elle a fait ses Pâques dernièrement et qu'elle est maintenant animée des meilleurs sentiments. Grâces en soient rendues à la bonne Madone ! »

G...

Translation de la *Santa Casa* (p. 142).

Un homme éloigné des pratiques religieuses depuis plus de quarante ans, ayant été frappé d'apoplexie, avait perdu connaissance et allait mourir sans pouvoir se réconcilier avec Dieu. Le médecin avait déclaré que le mal était sans remède. Quelqu'un de la famille eut alors la pensée de faire avaler au moribond une petite miniature de la Sainte Vierge de Campocavallo et de glisser sous son oreiller une photographie de la Madone. En même temps une neuvaine fut commencée. Dès le second jour, le malade recouvrait sa connaissance et se confessait deux fois.

Le samedi 23 juin 1894, écrit une religieuse, nous fûmes appelée auprès de la mère d'une de nos élèves, qui, depuis dix-huit heures, était étendue sur son lit, sans connaissance. Le râle de l'agonie faisait seul constater que la pauvre malade était encore de ce monde. Le médecin, appelé en toute hâte, avait déclaré qu'il n'y avait plus rien à faire ; l'insensibilité était si grande que des épingles enfoncées dans le bras droit n'excitaient aucun mouvement ; il n'y avait de vie que dans les organes respiratoires...

Nous récitâmes les prières des agonisants, implorant surtout le secours de Notre-Dame de Campocavallo, lui demandant de conserver cette chère existence, ou de ménager à cette âme les consolations suprêmes de notre sainte religion. Il y avait à peine une heure que la médaille de la douce Madone était suspendue au cou de la malade qu'elle ouvrit les yeux, sembla sortir d'un profond sommeil et appela sa fille. La vie revint insensiblement, le mieux s'accentua jusqu'au mardi suivant. Appelée de nouveau auprès d'elle, nous constatons alors avec peine que le mal s'aggrave de plus en plus, et que tout fait craindre un triste dénouement.

Il faut aborder la question des sacrements... La chose est difficile, cette âme ayant le malheur d'être éloignée du bon Dieu.

On se mit en prières avec toute la ferveur possible, et à peine venions-nous de quitter la pauvre malade qu'elle appelait sa fille et lui disait : « Je veux me confesser... » Le prêtre est aussitôt à sa disposition ; Jésus descend dans ce cœur bien préparé, et quelques heures plus tard, nous aimons à le penser, elle chantait au ciel les bontés de Marie à son égard. Notre élève, deux fois orpheline, était brisée de douleur, mais son cœur surabondait de reconnaissance à la pensée que sa bien-aimée mère était revenue à Dieu.

Le 19 septembre on écrivait, du fond de la Bavière à la Supérieure des religieuses de Notre-Dame de Charité de Lorette : « Mon frère, que j'avais recommandé à la Vierge addolorata, a reçu les derniers sacrements avec une édifiante piété. Je ne peux appeler cette conversion qu'un miracle de la bonté divine. Merci mille fois à la Madone aimée ! Si mon frère ne guérit pas, du moins son âme est sauvée, et nous nous reverrons au ciel. »

Le 17 janvier 1894, une dame écrivait à la Rév. Mère Supérieure des religieuses de Notre-Dame de Charité de Lorette :

« Je suis heureuse de vous annoncer le retour au bon Dieu d'une âme qui m'était chère. C'est le jeudi d'après Noël que cette personne s'est réconciliée avec Notre-Seigneur et a reçu la sainte communion en pleine connaissance. Je suis profondément reconnaissante à ma bonne Mère Notre-Dame des Sept-Douleurs. Aidez-moi à la remercier et priez-la d'assister cette âme à ses derniers moments et de la sauver. »   G.

La relation suivante a été adressée par une personne de Paris au Directeur de l'*Eco della devozione a Maria Santissima.*

« Un de nos vieux parents était gravement malade. Nous savions qu'il marchait à grands pas vers la tombe et nous désirions ardemment qu'il reçût les derniers sacrements et se réconciliât ainsi avec Dieu ; mais il nous était impossible de faire venir un prêtre, pour une circonstance particulière que la délicatesse nous oblige à passer sous silence.

« Nous multipliâmes alors nos prières à la bonne Mère. Elle eut pitié de nous. Un prêtre put enfin s'approcher de ce malade désespéré et lui adresser quelques paroles. Il y eut alors chez le malade comme une sorte de résurrection. Les yeux de l'agonisant, devenus ternes et vitrés, s'animèrent en un clin d'œil et se fixèrent avec leur éclat ordinaire sur l'interlocuteur. Le moribond qui ne pouvait plus auparavant se faire comprendre, répondait *attentivement* et distinctement à toutes les questions qui lui étaient posées.

« Après une demi-heure environ, le prêtre put nous dire ces paroles qui furent pour nous une consolation inexprimable : « Le malade a toute sa connaissance, il a répondu parfaitement à toutes mes demandes, c'est un chrétien d'une foi vive. »

« Le ministre de Dieu lui donna ensuite l'Extrême-Onction, et quand il fut parti, le malade expira avec un doux sourire sur les lèvres, sourire qui resta empreint sur sa face cadavérique et ajouta à ses traits un je ne sais quoi de céleste, qui nous paraissait être le reflet de ce calme qui se manifesta en lui après la dernière bénédiction de l'Eglise. »

A. R.,

Enfant de Marie.

Une personne du diocèse de Rennes a envoyé le récit suivant à l'*Eco della devozione a Maria Santissima.*

« Au mois de mars 1893, j'envoyai un don pour l'autel de la Très Sainte Vierge de Campocavallo, et je demandais en même temps à Marie plusieurs grâces. Une de ces grâces était la conversion de mon vieil et bien-aimé père qui était malade. En mai, un prêtre ami de la famille vint le visiter.

« Qu'était-il arrivé au jour de cette visite? je l'igno-
rais. Je savais seulement que j'étais sortie de la chambre du malade sur l'invitation du prêtre. Quelques
instants après, je fus rappelée ; et, en rentrant, le

prêtre me dit que mon père s'était confessé d'une
manière très édifiante. O bonté de Marie! C'est bien là
un miracle opéré par la Vierge, je l'ai reconnu ; car il y
avait déjà soixante-cinq ans que mon père ne se confessait plus! Le malade parlait en ces termes de l'acte
qu'il venait d'accomplir : « Je suis heureux... C'est
aujourd'hui un grand jour pour moi. J'irai faire mes

La place des Coqs, à Lorette (p. 148).

Pâques dès que je serai un peu mieux. » Mon âme était inondée de joie à cause de cet événement, comme elle avait été auparavant pleine de tristesse à la pensée que ce cher vieillard serait éternellement séparé de sa compagne, ma mère, qui était morte peu de temps avant la conversion de mon père. Un changement si subit était évidemment une grâce de la Très Sainte Vierge des Sept-Douleurs à laquelle je m'étais recommandée depuis longtemps.

« Le lendemain du jour de la sincère conversion de mon père, son état empira extraordinairement. Pendant six semaines il n'eut jamais un instant de lucidité. Il perdit la mémoire et fut bientôt frappé d'une surdité extraordinaire. La grâce de Dieu était venue vers lui, juste au moment précis, et la Sainte Vierge lui avait obtenu du très doux cœur de Jésus la grâce de pouvoir y correspondre.

« Grâces et honneur lui soient rendus. »   A. P.

Nous bornons à ces quelques récits le chapitre des conversions. Elles sont innombrables ; et d'ailleurs se présentent à peu près toujours dans les mêmes conditions : de ferventes prières à la Vierge des Sept-Douleurs, son image glissée sous l'oreiller d'un malade éloigné de Dieu, ses petites miniatures introduites dans les boissons ou les aliments, déterminent le plus souvent l'arrivée de la grâce suprême, c'est-à-dire d'une parfaite réconciliation avec Dieu.

CHAPITRE VI

Faveurs diverses.

Dès le début de ses merveilleuses manifestations à Campocavallo, la Très Sainte Vierge s'est plu à multiplier non seulement les guérisons et les conversions, mais encore les grâces de toutes sortes. Partout où l'on invoque la douce Madone, on ressent les effets de sa bonté et de sa puissance. Les faveurs qu'elle a accordées sont innombrables ; nous nous bornerons à en citer quelques-unes prises au hasard.

Au mois de septembre 1892, un pauvre *contadino* des environs de Lorette, conduisait un tombereau très lourdement chargé et traîné par deux grands bœufs blancs, selon l'usage du pays. Ce brave homme avait fait asseoir, sur le devant du tombereau, son petit garçon âgé d'environ quatre ans. Une brusque secousse du charriot fit tomber l'enfant sous les roues, dans une ornière. Le pauvre père fut tellement saisi à la vue de cet accident que d'instinct il ferma les yeux comme pour ne pas constater la réalité de son malheur. Mais en même temps la pensée de Notre-Dame des Sept-Douleurs traversant tout à coup son esprit, il s'écrie : « *Madonna di Campocavallo salvatelo !* O Madone de Campocavallo ! sauvez-le ! »

Il n'avait pas le courage d'aller derrière sa voiture

dans la crainte d'y trouver son enfant broyé par la roue qui venait de lui passer sur le corps. Déjà les bœufs avaient avancé de quelques pas, lorsque le paysan aperçut son enfant qui lui tendait les bras et disait en souriant : « *Babbo mio, non ho male.* Mon papa, je n'ai point de mal. » La Vierge bénie l'avait en effet préservé : il n'avait pas la moindre contusion.

Une petite fille de deux ans ne marchait pas encore ; ses jambes étaient si faibles qu'on ne pouvait parvenir à la mettre debout sans soutien. Les médecins avaient conseillé différents remèdes qui étaient tous demeurés inutiles. « Rien n'est perdu, disaient-ils aux parents ; « avec l'âge les forces viendront. » Comme rien n'indiquait la réalisation prochaine de ces paroles, le père et la mère de la petite Anunziata eurent la pensée d'invoquer la Vierge des Sept-Douleurs et portèrent l'enfant à Campocavallo. Au bout de trois jours, à la grande joie des parents, l'enfant marchait seule, sans avoir besoin d'aucun appui.

Un paysan cheminait un jour tranquillement conduisant ses deux bœufs attelés à une charrue. Tout à coup ces animaux, pris d'une sorte de fureur, renversent le contadino qui veut les maîtriser et commencent à le piétiner de la belle manière. La femme de ce paysan, voyant de loin ce qui se passait, accourt aussitôt en s'écriant : « Sainte Vierge de Campocavallo ! sauvez-le ! » La bonne mère entend cette prière et y répond sur-le-champ. Le contadino en effet se relève, et lorsque le médecin arrive pour visiter cet homme que l'on croyait à demi broyé, il constate avec étonnement l'absence de toute contusion. « Mais, s'écrie-t-il, comme malgré lui, c'est un miracle, cela ! Vous pouvez vous vanter de l'avoir échappé belle, et remercier la Vierge qui vous a protégé ! » Le contadino ne s'est pas non plus montré ingrat.

Louis Bufalini, de Lorette, vint à Campocavallo le 5 août 1893, remercier la Madone d'avoir bien voulu l'arracher à une mort certaine. Quelques jours auparavant, ce jeune homme étant allé prendre un bain dans l'Adriatique, s'avança imprudemment au large, fut enlevé par les vagues et transporté assez loin. Il sentait bien qu'il ne pouvait manquer de se noyer d'un instant à l'autre, impuissant qu'il était à lutter contre les flots et n'apercevant sur le rivage personne qui pût lui porter secours. Il invoque alors de tout son cœur la Madone de Campocavallo. Marie ne se fait pas attendre. Un homme aperçoit le malheureux baigneur, reconnaît l'imminence du danger, s'élance courageusement à la mer et arrive à temps pour le saisir et le ramener sur la grève. Le jeune imprudent devait son salut à la Vierge de Campocavallo.

Un homme de trente à trente-cinq ans était atteint d'une maladie de la moelle épinière qui amena une altération notable dans ses facultés intellectuelles. Les extravagances auxquelles il se livrait dénotaient un cerveau qui allait se dérangeant de plus en plus; cependant il lui restait encore quelque lucidité d'esprit.

La veille de l'Assomption, en 1894, le malade se rendit à l'église pour entendre la messe et se confesser. Le lendemain, il fit la sainte communion avec piété.

Ce fut pour le malade une grande grâce que cette réception des sacrements ; Dieu, dans son infinie miséricorde, avait voulu la lui ménager avant de le priver totalement de l'usage de sa raison.

Il tomba en effet dans la folie furieuse. Mais, chose remarquable, il se calmait au nom de la Très Sainte Vierge, et, pour le faire obéir, il suffisait de lui parler de notre Mère du ciel.

On écrivit alors à Campocavallo pour faire demander à la *Madonna Addolorata* la guérison du malheureux aliéné. En même temps, une neuvaine fut commencée à la Vierge des Sept-Douleurs et l'on fit célébrer une messe à l'intention du malade. Vers la fin de la semaine suivante, il fut conduit à T... pour être dirigé de là sur un asile d'aliénés tenu par les Frères de Saint-Jean de Dieu. Le matin même du dernier jour de la neuvaine, au moment où l'on commençait la messe à l'autel de Notre-Dame et où le père du malade implorait de la Sainte Vierge la délivrance de son fils, celui-ci, entrant à l'établissement de la C..., mourait dans le parloir, entouré des bons Frères et muni des derniers secours de la religion.

La guérison du corps, il est vrai, n'a pas été obtenue ; mais la Très Sainte Vierge n'a pas laissé d'intervenir d'une manière sensible dans la préparation de cet homme au grand passage du temps à l'éternité ; elle a répondu aux supplications qu'on lui adressait par des faveurs plus précieuses que des grâces temporelles.

Une personne, désireuse de travailler plus sûrement à sa propre sanctification, souhaitait vivement de trouver une place dans un pensionnat de demoiselles. Elle demanda aux religieuses du monastère de Notre-Dame de Charité de Lorette de vouloir bien faire adresser pour elle de ferventes prières à Notre-Dame de Campocavallo. Peu de temps après, la jeune personne était exaucée et demandait des prières d'actions de grâces à la Madone.

Une religieuse écrivait au Directeur de la Revue *Le Saint Cœur de Marie* les lignes suivantes : « Le jour même où nous recevions de Lorette un fac-simile du tableau miraculeux, nous demandions à Notre-Dame de Campocavallo de nous faire sentir sa puissance, en guérissant la Supérieure de l'une de nos communautés, une religieuse bien utile à notre chère Congrégation. Deux jours après, nous apprenions que le mercredi soir, vers deux heures et demie, un mieux inattendu s'était manifesté et avait permis au médecin de constater que 'la malade était hors de danger. Or c'était *ce mercredi même, à deux heures et demie,* que nous demandions à Notre-Dame la guérison tant désirée. »

Les religieuses du monastère de Notre-Dame de Charité de Lorette étant soumises à la clôture n'ont pas le bonheur de pouvoir se rendre au petit sanctuaire de Campocavallo ; mais il n'en est pas de même de leurs sœurs tourières : elles y sont fréquemment envoyées par la Rév. Mère Supérieure, soit pour la satisfaction de leur piété, soit pour s'acquitter vis-à-vis de la sainte Madone des innombrables commissions qui leur arrivent chaque jour de tous les points du monde. Elles ont maintes fois constaté, comme des milliers d'autres témoins, les mouvements des yeux de la sainte image, et la communauté attribue très justement à la Madone de Campocavallo beaucoup de faveurs précieuses, tant spirituelles que temporelles, obtenues depuis trois ans pour le monastère. En voici une dont la Sœur M.-A. a été l'objet :

« Le 21 septembre 1892, écrit la Rév. Mère Supérieure, notre Sœur M.-A. était allée, avec notre domestique, faire bénir à Campocavallo des images qu'ils emportaient dans notre petite voiture. Partis de la communauté à quatre heures du matin, ils assistèrent à la messe et notre chère Sœur y fit la sainte communion. Après l'action de grâces, on récita les litanies de Lorette et autres prières qui se font tous les jours à la chapelle de Campocavallo ; puis on commença le chant du *Stabat Mater.* Vers le milieu de cette prose, le domestique, qui pensait à son travail, fit signe à notre Sœur qu'il trouvait le temps un peu long. Il fallait donc partir. Sur le seuil de la chapelle, la Sœur se retournant une dernière fois vers la Madone, comme pour lui exprimer son regret de la quitter, se disait à elle-même : « Nous laissons le *Stabat* à moitié pour gagner quelques minutes ; ce n'est pas trop bien : qui sait si mal ne nous en prendra point en route ? » Ils partirent cependant, et tout alla au mieux jusqu'à deux kilomètres de Lorette, où ils rencontrèrent une voiture chargée d'une lourde machine à battre le maïs. Leur cheval prend peur, se cabre, puis se retourne furieux vers Campocavallo. Le garçon tient les guides ferme, mais il ne peut empêcher l'animal d'aller s'abattre sur un tas de pierres, au bord de la route. La Sœur et Joseph, le domestique, sont alors lancés dans un fossé d'au moins trois mètres de profondeur. En se voyant tomber, Joseph s'écria : « Vierge de Campocavallo ! à notre secours ! Nous portons vos images : ne nous laissez pas mourir ici ! »

« La Sœur, évanouie au choc de la voiture sur les pierres, gisait au fond du fossé. Ne perdant pas son sang-froid, Joseph la releva rapidement, « car, disait-il, nous sommes perdus si cheval et voiture se précipitent sur nous. » A ce moment, la Sœur reprit un peu ses sens et regarda autour d'elle. Le cheval était tranquille sur la route, comme si rien ne fût arrivé. Quant à la religieuse, elle en fut quitte pour l'émotion : la Sainte Vierge l'avait préservée d'une mort certaine. »

Le fait suivant s'est passé à Lorette même ; nous le tenons de la Rév. Mère Supérieure des religieuses de Notre-Dame de Charité :

« Le jour de la fête du Saint Cœur de Marie, fête bien chère à tous les enfants du V. P. Eudes, M. le Curé de Campocavallo venait à Lorette, en voiture. Arrivé en face de la porte de notre monastère. le cocher voulut, avant de descendre, faire retourner la voiture dans la rue, pour être plus tôt prêt à repartir. A ce moment, le cheval prit le mors aux dents, et, partant comme un trait, renversa par un brusque mouvement la voiture, la traînant ainsi chavirée jusqu'à la porte de Mgr Pellegrini, c'est-à-dire l'espace de soixante-dix pas.

« M. le Curé qui, au moment de la chute, avait déjà un pied en avant pour descendre et le corps à moitié hors de la voiture, fut traîné sur le côté, et son chapeau ainsi

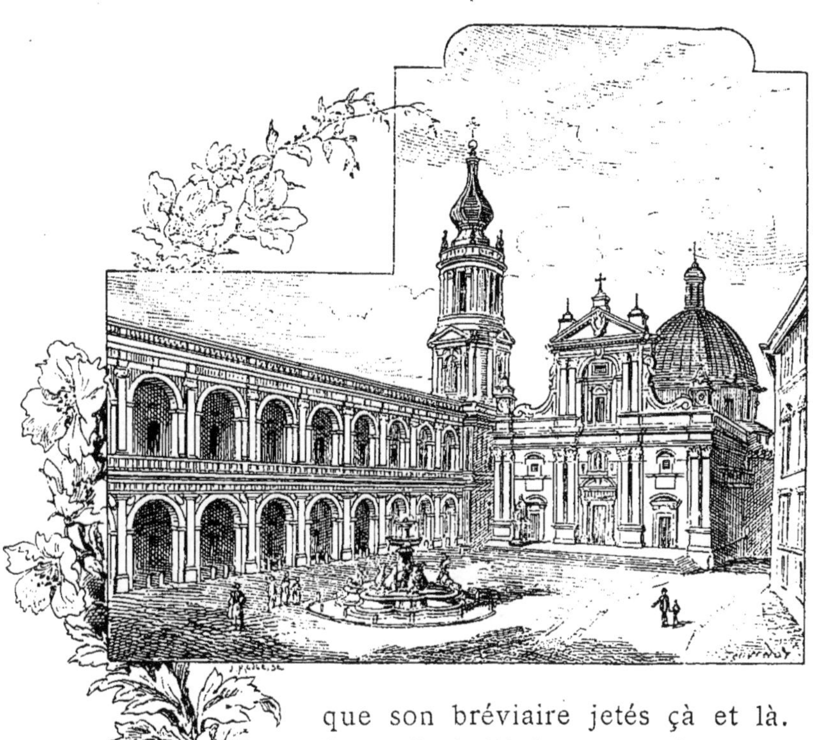

que son bréviaire jetés çà et là. Dom Sorbellini, ne perdant pas son sang-froid, se cramponna énergiquement à la voiture en s'écriant : « *Madonna di Campocavallo, salvatemi!* Madone de Campocavallo, sauvez-moi! » Les deux roues lui passèrent sur les jambes. Enfin des hommes accourus en toute hâte se rendirent maîtres du cheval furieux, pendant que Mgr Pellegrini faisait entrer chez lui M. le Curé. Promptement remis de sa terrible secousse, Dom Sorbellini nous arriva quelques instants après et nous dit : « Je puis proclamer que j'ai reçu un vrai miracle de la Sainte Vierge : je n'ai que ces quelques égratignures au visage; la trace des roues est restée sur les jambes; mais je n'en souffre nullement; dans quelques jours il n'y paraîtra plus... Ce qui est extraordinaire, c'est que je n'ai pas eu peur du tout : je ne me sentais même

La place de la Madone (p. 148).

pas ému au moment où, la voiture se brisant entièrement, je suis tombé. » Quatre de ces messieurs du clergé de Lorette, entre autres un Français, accoururent voir le bon prêtre ; ils voulaient même le toucher par dévotion, car, disaient-ils, c'est le curé de la Madone. »

Les faveurs suivantes ont été obtenues en France ; le récit en a paru dans la Revue *le Saint Cœur de Marie*.

Toutes les aspirantes au brevet de capacité, présentées par les religieuses, directrices d'un pensionnat, ont été admises après avoir mis leurs examens sous la protection spéciale de Notre-Dame de Campocavallo. Les jeunes filles, grâce à la Très Sainte Vierge, dont elles avaient sur elles l'image, ont conservé, tant aux épreuves écrites qu'à l'examen oral, le sang-froid et l'aplomb si nécessaires aujourd'hui aux élèves des écoles religieuses, en présence de commissions généralement mal disposées à leur égard.

« Nous nous sommes présentées trois à la session du brevet de capacité, après nous être bien recommandées à Notre-Dame de Campocavallo, écrit une jeune personne à la Supérieure du Refuge de Lorette. Dans deux séances différentes nous avons constaté la protection de la bonne Mère : les épreuves que nous redoutions davantage nous ont paru les plus faciles. Nous sommes revenues au pensionnat répétant à l'envi : Gloire à Notre-Dame de Campocavallo ! »

On nous a adressé de Valognes (Manche) les lignes suivantes :

« C'est un devoir de reconnaissance envers Notre-Dame de Campocavallo, que nous venons remplir, en vous priant de mentionner dans la *Revue* la réussite de deux jeunes élèves aux derniers examens du brevet de capacité. Remerciements à Notre-Dame des Douleurs et ardentes supplications de nous continuer sa maternelle protection. »   Sr M. A.

Quelque temps après on nous écrivait d'ailleurs :

« Il y a environ quatre mois, nous vous priions de recommander à la divine Mère les examens d'une jeune fille, et aussi sa vocation. Gloire à Marie ! Les examens ont eu un plein succès et la jeune personne est entrée en communauté. Veuillez prier pour sa persévérance. »

S. A.

La Supérieure d'une communauté de Belgique écrivait aux religieuses de Notre-Dame de Charité de Lorette :

Une jeune fille demandait en vain à sa mère la permission d'embrasser l'état religieux et, à chaque demande, elle était repoussée avec des paroles dures, et même maltraitée. Un jour que la jeune personne avait reçu une image de la divine Mère de Campocavallo, elle la mit sur son cœur et s'approcha de nouveau de sa mère pour lui réitérer ses supplications. Cette fois sa mère la regarda avec bonté, la prit par la main et lui dit avec douceur : « Je sais, mon enfant, ce que vous venez faire près de moi : C'est pour me demander encore d'entrer au couvent. Eh bien ! j'y consens ; vous pouvez partir. »

Mais il fallait pour cela un consentement écrit. De ce pas, la mère conduit sa fille chez un notaire pour régler tout selon les formes voulues. Le 1ᵉʳ octobre suivant, elle accompagnait elle-même, avec bonheur, l'enfant au noviciat de la congrégation à laquelle Dieu l'avait appelée.

Un petit garçon de trois ans, nommé Orlando, jouait avec un autre enfant autour d'une maison en construction. Tout à coup, une pierre de taille, d'un mètre de longueur sur cinquante centimètres de largeur, provisoirement placée sur un point de la bâtisse, vint à tomber et s'abattit, en plein sur la jambe du petit Orlando. On s'imagine aisément l'effroi des parents à la vue de cet accident : ils croyaient trouver la jambe de l'enfant absolûment écrasée sous cette énorme masse et ce fut avec une angoisse indescriptible qu'ils se mirent en devoir d'enlever la pierre. O merveille! Pas le moindre mal! Pas la plus légère contusion ! L'enfant était sain et sauf, comme si cette grosse pierre n'eût été qu'un ballot de coton. A qui était-on redevable d'une préservation si prodigieuse? Les parents chrétiens ne se trompèrent sans doute pas en l'attribuant à la Madone de Campocavallo, dont la sainte image avait été, le jour même, placée dans leur maison.

Une jeune et pieuse ouvrière écrivait à la Rév. Mère Supérieure du monastère de Lorette :

Depuis le jour béni où j'ai mis mon modeste commerce sous la protection de Notre-Dame de Campocavallo, j'ai eu le nécessaire pour vivre. Dans les jours de souffrances, quand tout semblait perdu, une neuvaine à la Vierge des Sept-Douleurs me ramenait aussitôt mes clients. Pour l'avenir, j'espère encore le secours de Marie.

Le fait suivant s'est passé à Osimo même, dans la ville de la *Madonna addolorata.*

Une petite fille d'environ trois ans dont le nom est Santa, cheminait derrière une charrette surchargée de fourrage que le père Louis Gioacchini était allé ramasser dans son champ, pendant la matinée du 30 juin 1894.

Arrivé à destination, le père Gioacchini aidé de la mère de la petite Santa, détèle les bœufs et, sans remarquer que l'enfant se trouvait derrière la charrette, il laisse tomber en arrière et d'un seul coup, l'énorme charge. « Au moment même où il lâchait le timon, dit le témoin de l'accident, je me trouvais à peu de distance et je m'aperçus que la pauvre petite créature était ensevelie sous la pesante masse de fourrage. Connaissant le nom de l'enfant, je l'appelai de toute ma force, mais en vain : ou elle ne m'entendait pas, ou elle était elle-même dans l'impuissance de me répondre.

A mes cris, les parents s'aperçurent du malheur qui

venait d'arriver, et, saisis de frayeur, en proie à la plus grande désolation ils songent tout à coup à la Vierge de Campocavallo et s'écrient : « Vierge des Sept-Douleurs, sauvez notre enfant ! »

A l'instant même, continue le témoin, nous nous mîmes tous à l'œuvre pour sauver la petite fille que nous craignions de trouver étouffée, comme cela devait arriver sans le secours spécial de Marie.

Nous étions tellement étourdis et troublés que nous ne savions par où commencer pour pénétrer au centre de cette énorme masse de foin. Pour comble de malheur, on ne trouvait ni fourche, ni crochet, ni levier, rien qui pût permettre d'accélérer le travail. Force nous fut donc d'y employer nos mains ; mais à chaque instant les forces nous manquaient en attaquant cette montagne de fourrage. De temps en temps nous appelions d'une voix forte la petite fille, mais aucune réponse ne venait nous assurer qu'elle vivait encore.

Grâce à Dieu et à Notre-Dame, nous finissons par entendre un gémissement. Nous redoublons d'ardeur à l'ouvrage tout en craignant de rencontrer un petit cadavre. Enfin nous apercevons des vêtements et au bout d'un instant nous pouvons saisir la petite Santa et l'arracher de son tombeau. O puissance de la Vierge Marie ! L'enfant était saine et sauve, alors que, au jugement de tous, elle avait eu le temps d'être étouffée dix fois.

Raphaël Rosciani, sa femme et sa fille, habitant la ferme de Rigo, près du fleuve du même nom, ont été sauvés d'une mort imminente après avoir invoqué Notre-Dame de Campocavallo. Le 2 septembre 1893, une furieuse tempête se déchaîna sur la contrée et fit déborder les rivières de telle sorte que les eaux arrivaient jusque dans la plaine de Campocavallo. Vers minuit, le fleuve, sortant de son lit avec une fureur indescriptible, commença à porter le ravage dans le pays avoisinant. La petite ferme de Raphaël Rosciani est tout à coup envahie et le petit troupeau de moutons, seule richesse de la famille, est emporté par le torrent. Un tas de gerbes amassées à grand'peine par les pauvres *contadini* s'en va également à la dérive. Mais de quelle épouvante ne sont-ils pas saisis, lorsque, après la disparition de leur petit avoir, ils constatent que leur vie même est en grand danger et qu'à tout moment ils peuvent disparaître dans les eaux ! La nuit ajoute encore à leur frayeur. Tombant tous les trois à genoux, ils implorent le secours du Ciel par l'intercession de la Vierge des Sept-Douleurs. « O bienheureuse Madone de Campocavallo ! s'écrient-ils, vous qui accordez tant de grâces à ceux qui vous invoquent, venez à notre secours, arrachez-nous au péril qui nous menace à cause de nos péchés. Vous voyez le danger : Bonne Mère, tendez-nous votre main toute-puissante. »

Ils avaient à peine achevé cette prière, que déjà les eaux commençaient à baisser, comme si une main invisible en eût à ce moment même détourné le cours. Tous les trois furent sauvés.

Le 8 septembre suivant, la famille Rosciani venait à Campocavallo remercier la *Madonna addolorata* et laissait à la chapelle en ex-voto un petit tableau représentant l'évènement que nous venons de rapporter. Ce tableau n'est pas un chef-d'œuvre, tant s'en faut même ; mais il demeurera dans le petit sanctuaire en témoignage perpétuel de la reconnaissance de ces pauvres gens envers Marie.

CHAPITRE VII

La Critique.

Jusqu'à présent nous avons parlé de faits vraiment étranges, que nous pouvons résumer en ces quelques lignes :

Une Madone des Sept-Douleurs, peinte sur une simple feuille de papier, a été vue pendant dix-huit jours répandant des larmes ; maintenant encore, on peut la voir ouvrir et fermer les yeux, regarder à droite, à gauche, en haut, en bas ; parfois, souvent même, son regard se fixe pendant plusieurs minutes sur les personnes qui viennent prier devant elle.

Grâce à l'invocation confiante de la *Madonna addolorata* de Campocavallo, ou encore à l'usage d'objets ayant touché sa sainte image, d'innombrables malades obtiennent leur guérison, alors que des médecins ont dit et répété : « C'est fini, il n'y a pas de remède. »

D'autres guérisons, plus difficiles à opérer que celles du corps, des conversions éclatantes, sont obtenues par les mêmes moyens.

Des faveurs de toutes sortes viennent réjouir les fidèles qui s'adressent, pleins de confiance, à la Vierge de Campocavallo.

De tous côtés, les foules affluent à son humble chapelle, et cette chapelle devenant trop étroite pour permettre aux multitudes de contempler le visage de Marie désolée, une splendide basilique sort de terre comme par enchantement, afin de dire aux siècles futurs qu'un jour, dans une pauvre ferme de la Marche d'Ancône, la Mère de Dieu a daigné abaisser sur ses enfants des regards de miséricorde.

Que penser de toutes ces merveilles? Evidemment, le lecteur n'attend pas de nous une proposition ayant la force et la valeur d'un article de foi. Nous l'avons déjà fait observer, l'Eglise, et elle seule, a le droit de dire à ses fidèles : « Moi, épouse de l'Esprit de vérité, moi, votre mère infaillible, j'affirme que la Vierge Marie, elle-même, s'est manifestée d'une façon sensible dans son image de Campocavallo, et que les faits qui se sont passés là sont positivement miraculeux. » Ce langage, nous n'avons pas qualité pour le tenir.

Mais les faits de Campocavallo, qu'ils soient naturels ou surnaturels, miraculeux ou non, se sont passés et se passent encore en public ; dès lors chacun a le droit de les examiner et de les discuter : ils tombent sous la critique.

Or, quand il s'agit de faits et d'évènements de cette nature, il est plusieurs sortes de critiques qui, certes, n'ont pas toutes la même valeur, tant s'en faut.

Il y a d'abord la critique des *sans-Dieu*, qu'ils se disent philosophes ou se prétendent savants. Ceux-là, ne croyant qu'aux seules forces de la nature, déclarent solennellement que le miracle est impossible, et considèrent les faits réputés surnaturels soit comme des supercheries, soit comme pouvant être expliqués par la science quand elle daigne y prendre attention et les examiner à fond. En un mot, pour les *sans-Dieu,* pas de miracles possibles puisque, selon eux, il n'y a d'autre Dieu que la nature.

Il y a la critique des *déistes*. Moins absolus en fait de négations que les matérialistes athées, les déistes s'inclinent devant un Dieu créateur et organisateur du monde *une fois pour toutes,* c'est-à-dire devant un Dieu n'ayant plus aucun pouvoir sur ses propres œuvres, et désormais

Intérieur de la Basilique Laurétane (p. 148).

impuissant sur les lois qu'il a lui-même données à ses créatures. Ce Dieu est une sorte de monarque constitutionnel, qui règne et ne gouverne pas. D'après ces principes, le déiste n'admet pas non plus le miracle, puisque c'est une dérogation aux lois ordinaires de la nature, et que, selon lui, ces lois ne sauraient maintenant être suspendues par aucune puissance, pas même par celle du Dieu qui les a édictées.

Pour ces diverses catégories de gens, que sont les faits de Campocavallo? Mensonges, jongleries ou pures illusions. Telle est la critique des fortes têtes : elle consiste à nier d'emblée et à outrance tout ce qui semble être en désaccord avec *leurs principes*. Rien de plus facile, comme on le voit. Que répliquer à ces soi-disant savants, athées, déistes, matérialistes, libres-penseurs, quand ils déclament contre les manifestations de Campocavallo? « Messieurs, allez-y voir!... Cela vous fera du bien... C'est tout ce qu'il nous plaît d'opposer à vos négations de parti-pris. »

Il est une autre espèce de critique, celle que le R. P. Mortier, témoin des prodiges de Campocavallo, appelle spirituellement la *critique du gendarme*. « C'est, dit-il, la plus simple et la plus expéditive. Le gendarme ne regarde pas, ne nie pas; c'est une machine à suppression. Il voit un attroupement dans une chapelle, il la fait évacuer, ferme la porte et dit : « Au nom de la loi, c'est fini. » Rien de plus facile, en apparence. C'est ordinairement la critique de l'autorité civile, quand elle se trouve compromise ou menacée par un pouvoir supérieur qui lui rappelle la justice, qui condamne la perversité de ses lois, qui proteste, au nom de la conscience, contre la violation des droits de Dieu. Elle le supprime. Vieille habitude dont l'Eglise a fait, dans tous les siècles, la cruelle expérience. Notre-Seigneur a été la plus sainte Victime de cette critique du gendarme, et après lui, les millions de martyrs, auxquels la mort fut infligée au nom de la loi : « *Non licet christianum esse,* » il n'est pas permis d'être chrétien. Telle est la loi, le gendarme l'applique. Qu'il s'appelle préfet, proconsul, roi ou empereur, c'est le même principe et la même formule.

« La critique du gendarme était d'autant plus à craindre à Campocavallo, qu'il s'agissait d'une Madone des Sept-Douleurs, qui pleurait et regardait la foule avec angoisse. Si elle pleure, la Mère des Douleurs, c'est qu'elle souffre. De quoi pourrait-elle souffrir ? Sept glaives lui percent le cœur... N'y aurait-il pas, par hasard, dans la société chrétienne, en haut comme en bas, quelqu'un qui pût se dire à bon droit : Un de ces glaives a été enfoncé par moi ?

« Cet examen de conscience, nous pouvons le faire tous, et tous, nous avouer coupables, grands et petits. Les petits, d'ordinaire, en voyant couler les larmes de la Mère du Christ, ou en contemplant l'angoisse de son regard, se frappent la poitrine, pleurent avec elle et implorent miséricorde. Mais les grands, tout en reconnaissant peut-être leurs torts dans le fond de leur cœur, prennent peur. Ces larmes, ces angoisses leur semblent une menace et une réprobation ; c'est alors que le gendarme intervient. Ne l'avons-nous pas vu en France, à Lourdes et à La Salette ? Dieu n'a plus le droit d'agir dans le monde, il lui faut le *placet* du pouvoir civil. Comme il s'en rit souvent !

« Fermer la chapelle de Campocavallo n'était pas s'assurer si oui ou non la Vierge pleurait et remuait les yeux. Les journaux vendus à la franc-maçonnerie essayèrent de crier à la supercherie, et de montrer dans cette manifestation une manœuvre cléricale. Il fallait envoyer le gendarme. En haut lieu, on eut la sagesse de s'abstenir (1). Un délégué vint sur place, et comme, après tout, l'ordre n'était pas troublé, il laissa le sanctuaire ouvert à la dévotion des fidèles. Peut-être se rappela-t-on le dilemme proposé au Sanhédrin par Gamaliel. Il s'agissait de la conduite à tenir vis-à-vis des Apôtres qui prêchaient la

______

(1) Non d'envoyer les gendarmes à Campocavallo, mais de fermer la chapelle et d'empêcher ainsi le pèlerinage.

résurrection du Sauveur et le salut en son nom : « Si cette œuvre vient de Dieu, dit-il, vous ne l'empêcherez pas ; si elle vient des hommes, elle tombera d'elle-même. » Le gendarme devrait toujours penser à ce dilemme, quand Dieu est en cause, avant de dire, au nom de la loi :

> Il est défendu de par Dieu
> De faire miracles en ce lieu.

« Sa critique serait meilleure (2). »

Enfin, il est un dernier genre de critique, celle du vrai chrétien, du catholique, du *croyant*.

Ne confondons pas *croyant* et *crédule* ; ces deux mots ne sont nullement synonymes. L'homme crédule accepte tout sans examen ; il est d'une docilité parfois déconcertante et toujours regrettable, parce qu'elle provoque les blasphèmes des ennemis de la religion et qu'elle leur fait dire : « Les catholiques sont des naïfs ou des idiots. » Le *croyant* agit tout autrement. Il sait que le miracle est possible, parce que rien n'est impossible à Dieu ; il sait en outre que, s'il a plu à ce même Dieu d'opérer des miracles par son Fils Notre Seigneur Jésus-Christ, et par ses apôtres, pour vaincre le paganisme et répandre partout la lumière de l'Evangile, en aucun temps son bras n'a paru raccourci ; que maintenant encore, quand il le juge utile pour sa gloire, il peut donner, et de fait il donne aux hommes des preuves extraordinaires, saisissantes, évidentes de sa puissance infinie. Voilà ce que dit le croyant, et il a raison de se le dire. Mais le croyant se dit encore autre chose, et il n'a pas tort non plus : « Il peut se produire de faux miracles ; de plus, on peut prendre pour miracles ce qui n'en a que l'apparence : l'humanité est capable des plus fortes illusions. Dans l'intérêt même de l'honneur de Dieu, je ne me rendrai qu'à bon escient ; je n'accepterai que sur preuves sérieuses, ou sur témoignages dignes de foi, les faits que la voix populaire pro-

---

(2) R. P. Mortier, *Le mouvement des yeux,* etc.

clame surnaturels et miraculeux. » Ce langage ne res-
semble pas précisément à de l'extravagance ; c'est plutôt
de la sagesse.

Lors donc qu'à propos des faits de Campocavallo, les
libres-penseurs crient : Au mensonge ! et que les gens
crédules, acceptant tout les yeux fermés, répètent :
Miracle ! les croyants disent tranquillement : « Voyons
de quoi il s'agit, regardons de près, la chose en vaut la
peine. Une image de la Sainte Vierge, nous dit-on, ouvre
et ferme les yeux, regarde de tous côtés : c'est bien étonnant, cela sort de l'ordinaire et sent le surnaturel ; mais
comme rien n'est impossible à Dieu, ne nous prononçons
tout d'abord ni pour, ni contre les faits ; examinons cette
image et ce mouvement, et voyons à quels témoins nous
avons affaire. » C'est là parler et agir avec une prudence
que Dieu ne blâmera jamais.

Laissons maintenant la parole à un croyant qui a bien
vu, qui ne *s'emballe* pas, et que, pour cela nous nous plai-
sons à citer. Le R. P. Mortier va nous dire ce qu'il pense
du *tableau,* du *mouvement des yeux* de la Madone et des
témoins qui ont constaté les nombreuses manifestations
de Campocavallo.

1° L'IMAGE.

« L'image n'a rien de particulier. C'est une simple
oléographie, qui ne manque pas cependant d'un certain
mérite artistique. Elle doit reproduire, plus ou moins
fidèlement, quelque tableau de maître. Elle a toutes les
qualités voulues pour être bien vue, comme hauteur et
largeur. Les yeux, en particulier, se détachent nettement, d'autant plus que, levés au ciel, la moitié de la
prunelle d'un noir foncé, fait tache sur le blanc. Ils sont
grands ouverts. Du reste, la photographie, qui n'a pas la
manie du surnaturel, l'a reproduite exactement. De plus,

l'image est placée à la hauteur de deux mètres environ, en pleine lumière. On la regarde les yeux dans les yeux. Que l'on soit en face ou de côté, elle est parfaitement en vue. Dans ces conditions, l'image n'a rien à craindre de la critique. Elle a du reste de nombreuses sœurs dans toutes les boutiques d'objets religieux, à Lorette, Osimo et Récanati. Aucune ne produit la moindre illusion d'optique.

2° LE MOUVEMENT DES YEUX.

« Les témoins constatent plusieurs sortes de mouvements :

« Le mouvement vertical : La Vierge, ayant sur l'image les yeux levés au ciel, les abaisse et les relève.

« Le mouvement horizontal : La Vierge regarde à gauche et à droite.

« Le mouvement des paupières qui s'abaissent lentement et recouvrent totalement les prunelles : Les yeux sont fermés.

« Outre ces trois mouvements, les témoins affirment également la fixité du regard sur la personne qui voit.

« Pour le mouvement vertical et horizontal, nous avons un *criterium* puissant : la couleur. La prunelle, d'un noir foncé, ne se voit qu'à moitié, et se détache sur le fond blanc du globe. Or, quand le mouvement se produit, la prunelle naturellement descend, recouvre le blanc du globe qui disparaît, et reste fixe dans cette position plus ou moins de temps, regardant la personne qui voit, puis remonte à sa position normale, laissant de nouveau apparaître le blanc du globe. Le blanc et le noir sont certes des couleurs assez disparates, pour que l'œil puisse les juger sans se tromper. Quand la Vierge baisse les yeux, tout est noir au milieu ; quand elle les relève, on voit le blanc par en bas. Pourvu qu'un œil soit sain, il distingue certainement, sans illusion, le blanc et le noir.

« Si l'illusion pouvait encore se produire pour le mouvement des prunelles, elle disparaîtrait entièrement pour celui des paupières. Il est facile de voir si des yeux sont

ouverts ou fermés : l'image a les yeux grands ouverts ; or, de nombreux témoins affirment les avoir vus se fermer entièrement : la Vierge abaisse lentement les paupières ; peu à peu l'intérieur de l'œil disparaît. On ne voit plus ni prunelles ni blanc du globe, rien, les yeux sont clos, et la bordure des cils nettement marquée. Puis, après quelques instants, rapidement les paupières se relèvent, et les yeux reprennent leur position habituelle.

Extérieur de la *Santa Casa* (p. 148).

« Je sais très bien que, dans certaines images, on voit tantôt les yeux ouverts, tantôt les yeux fermés. J'en possédais une dernièrement.

« Mais je sais aussi qu'il faut pour les voir ouverts ou fermés, fixer tel point de l'image. Nous sommes loin du prodige de Campocavallo. D'abord, on ne voit pas ordinairement les yeux de la Madone fermés, mais se *fermer*, on comprendra l'énorme différence. Le mouvement qui les ferme est lent, majestueux, et dure assez de temps pour qu'on le suive et qu'on le juge. D'autre part, il n'est pas nécessaire de fixer tel point de l'image, d'être dans telle position vis-à-vis de l'image ; à droite, à gauche, en face, de tout côté ; à genoux, debout, de loin, même, en me servant d'une expression familière, sous le nez de la Madone, les yeux dans les yeux, on observe le même mouvement.

3° LES TÉMOINS.

« Il y en a des centaines de tout âge, de toute condition, de toute nationalité. Ces témoins, médecins, négociants, prêtres, religieux, hommes et femmes affirment, et plusieurs avec serment, qu'ils voient.

« Ils voient, tantôt au même instant et le même mouvement ; tantôt à des moments différents et des mouvements divers. La simultanéité de la vision est une preuve irréfragable de sa vérité. Vingt, trente personnes et souvent plus, étrangères les unes aux autres, s'écrient tout à coup au même instant : La Vierge baisse les yeux, la Vierge nous regarde, la Vierge ferme les yeux. De quel droit les accuser de mensonge ou suspecter leur véracité ? L'accord, la conspiration pieuse et frauduleuse est impossible dans ces conditions.

« Ah ! s'il n'y avait, comme témoins, que certaines personnes, pouvant être soupçonnées d'avoir, dans le succès du miracle, un intérêt quelconque, on devrait se défier

de leurs affirmations ; mais ce n'est pas le cas. A Campocavallo, nous sommes en plein international. Je dirai
même que, l'intérêt supposé des habitants et leur crédulité habituelle font examiner le phénomène avec plus de
rigueur. La défiance du milieu, défiance très légitime,
met en garde contre l'illusion, et pour dire : j'ai vu, je
vous assure qu'il faut avoir vu, de ses yeux vu, ce qui
s'appelle vu.

« Loin d'être intéressés, les témoins indigènes ou
étrangers, émus le plus souvent par ce spectacle douloureux, offrent à la Madone ce qu'ils ont de plus
précieux.

« Les montres en or et en argent, les bracelets, les
pendants d'oreilles s'entassent sur l'autel, et proclament
hautement le témoignage de ceux qui les ont offerts, par
ce qu'ils ont vu. Les pauvres ne sont pas les moins géné-
reux. J'ai vu des paysannes, à peine vêtues convenable-
ment, apporter des pièces de toile, des colliers, souvenirs d'un passé plus heureux sans doute, tandis que les
hommes charrient des briques pour la nouvelle église...
Celui qui n'a ni or ni argent, donne la sueur de son front;
quelle offrande plus agréable à Dieu !

« Image, mouvements et témoins rendent donc gloire
à cette manifestation douloureuse de la Sainte Vierge.
Il n'y a ni faiblesse, ni témérité à la croire vraie, bien
au contraire. Image, mouvements et témoins prouvent
invinciblement en faveur du miracle. »

De sorte que, ajouterons-nous en terminant ce chapitre, si quelque jour, comme nous l'espérons, l'Eglise
prononce un jugement en ce sens, nous pourrons dire :
« Cela ne m'étonne point : Je croyais moi-même avant
qu'elle ne m'eût dit : Tu peux croire : le doigt de Dieu
est là. »

CHAPITRE VIII

Le Pèlerinage de Lorette.

Comme nous le disions en commençant, c'est de Lorette que le pèlerin se rend à Campocavallo ; c'est après avoir baisé avec respect et amour les murs sacrés de la *Santa Casa* qu'il va se prosterner aux pieds de la Madone des Sept-Douleurs et solliciter un de ses regards maternels ; c'est l'âme toute pleine des souvenirs de Nazareth, et le cœur doucement attendri par la méditation de l'auguste mystère d'un Dieu incarné, qu'il pénètre dans la petite chapelle choisie par la mère de ce même Dieu pour se manifester au peuple chrétien en ces derniers temps.

Le lecteur ne nous saurait pas bon gré de ne lui avoir rien dit de Lorette, point de départ, et aussi de retour, des pèlerins de Campocavallo.

Lorette n'est pas, tant s'en faut, l'une des grandes villes d'Italie ; mais, après Rome, c'est certainement la plus chère aux catholiques, celle où ils se rendent plus volontiers et qu'ils visitent avec plus de bonheur. « Quand on est arrivé à Lorette, on voudrait y rester, » nous disait, naguère, une personne encore sous le charme du séjour qu'elle venait d'y faire. Nous sommes de son avis : il fait bon demeurer à Lorette. Non pas, certes, que sa population soit le moins du monde intéressante : on a dû se faire une triste idée des Loretains en lisant les premières pages de ce livre ; mais à Lorette, l'on se sent chez la Sainte Vierge ; Lorette, c'est la cité de Marie, cité qu'elle affectionne entre toutes celles où il a plu à Dieu de lui faire élever un sanctuaire.

Consacrons donc quelques pages à l'histoire de ce pèlerinage depuis longtemps si célèbre dans l'univers catholique. Aussi bien, ce ne sera peut-être pas la partie la moins intéressante de ce petit travail entrepris pour la plus grande gloire de la B. V. Marie.

Le 10 mai de l'année 1291, des bûcherons se rendaient à leur ouvrage ordinaire sur la colline boisée de Tersatto, à peu de distance de Fiume, en Dalmatie, sur la côte orientale de la mer Adriatique.

Grande fut leur surprise lorsque, dans un champ, à un endroit où la veille encore on ne voyait que de l'herbe, ils aperçurent une petite maison bâtie en pierre, et d'un genre de construction inusité dans le pays. Les paysans n'en pouvaient croire leurs yeux, et pourtant, c'était vrai ; il y avait là, reposant sans aucun fondement, sur le sol gazonné, une maison en pierre rougeâtre et d'une espèce qu'on ne trouve point en Dalmatie. Elle n'avait qu'une porte et une petite fenêtre.

Tout cela était bien réel, visible, palpable ; mais que c'était étrange aussi ! Les bûcherons, saisis d'une religieuse terreur, firent avec dévotion le signe de la croix, s'approchèrent timidement de la maisonnette et se hasardèrent à regarder dans l'intérieur.

En face de la porte s'élevait un autel surmonté d'une croix grecque portant l'image de Jésus crucifié, peinte sur toile et appliquée sur le bois. A gauche, on voyait un foyer dominé par une statue de la Vierge Marie tenant entre ses bras l'enfant Jésus, dont la main droite était levée comme pour bénir. Une armoire, renfermant quelques ustensiles de ménage, indiquait que cette maison avait dû abriter autrefois une famille peu aisée. Enfin,

sur les murs recouverts d'un enduit, on avait peint différentes scènes de la vie de la Sainte Vierge, et aussi un
roi d'Occident, à la couronne fleurdelisée et tenant à
la main des chaînes de fer, comme pour montrer qu'il
était venu dans cette chapelle remercier Marie de l'avoir
délivré de la captivité. Les bûcherons ne connaissant
point notre roi saint Louis, n'eurent pas l'idée que cette
dernière fresque pouvait le représenter. Après avoir
pieusement prié devant l'autel, ces paysans, revenus de
leur première frayeur, sentirent une douce joie inonder
leur âme, et, poussés par une main invisible, ils cou-
rurent raconter à Fiume et à Tersatto la merveilleuse
découverte qu'ils venaient de faire. Les habitants ne
tardèrent pas à se rendre en foule sur la colline, et ils ne
furent pas moins surpris que les bûcherons en apercevant
cette singulière maison simplement posée sur l'herbe
verdoyante. D'où pouvait bien venir ce petit édifice ?
qui l'avait, non *bâti,* mais *placé* en cet endroit ? Le
mystère ne tarda pas à s'éclaircir.

Dom Alexandre de Giorgio, évêque de Tersatto
(d'autres disent simple curé), était depuis longtemps
atteint d'une grave maladie qui faisait de tels progrès que
la mort semblait imminente. Entendant parler de la
chapelle miraculeuse, le mourant se désola à la pensée
qu'il ne pourrait jamais la voir et pria la Très Sainte
Vierge de daigner éclairer elle-même le peuple sur la
provenance de ce petit sanctuaire. A peine avait-il for-
mulé sa prière que Marie lui apparut et lui dit : « Mon
fils, vous m'avez appelée et voici que je viens vous
apporter un secours efficace et vous révéler le secret que
vous désirez connaître. Sachez donc que la sainte
demeure récemment apportée sur ce territoire est la
maison même dans laquelle je suis née et où j'ai passé
ma première enfance. C'est là qu'à la salutation de l'Ar-
change Gabriel, je devins mère de Dieu par l'opération
du Saint-Esprit. C'est là que le Verbe s'est fait chair. Les
Apôtres consacrèrent cette demeure illustrée par de si

grands mystères et y célébrèrent le divin sacrifice. L'autel est le même que saint Pierre a consacré. La statue en cèdre est mon image, faite par saint Luc qui vivait avec nous dans une douce intimité. Cette maison, chérie du ciel et environnée d'honneurs pendant tant de siècles à Nazareth, a maintenant quitté cette ville, et elle est venue vers vos rivages. Dieu, *à qui rien n'est impossible,* est l'auteur de cette merveille. Et, afin que vous en soyez vous-même le témoin et le prédicateur, recevez en ce moment votre guérison : ce retour subit à la santé au milieu d'une si longue maladie fera foi de ce prodige. » Et la Vierge disparut laissant Dom Alexandre plein de force et de

La *Santa Casa*, vue du côté de l'épître.

vie. Aussitôt le prélat se rend à pied, sans difficulté aucune, au sommet de la colline de Tersatto, à la sainte chapelle. Son arrivée, absolûment inattendue, cause une émotion générale. Il raconte, avec des larmes de joie et de reconnaissance la vision dont il a été favorisé.

Maintenant on savait ce qu'était la maison de la colline : c'était celle de Marie, de l'Enfant-Jésus, de la sainte famille de Dieu sur la terre. De toutes parts on accourait baiser ses murs bénis, et les guérisons, et les conversions se multipliaient chaque jour pour attester le prodige et récompenser la foi des pèlerins.

Toutefois, il était assez naturel que l'on se fît cette réflexion : La maison de Tersatto étant simplement posée sur le sol, les fondations doivent se trouver encore à Nazareth. Pourquoi n'irait-on pas comparer les matériaux et les dimensions de ses fondements avec les matériaux et les dimensions de la chapelle qui nous est arrivée ?

Ce fut aussi ce que pensa le comte Nicolas Frangipani, seigneur de Tersatto et du pays environnant. Il choisit parmi les habitants les plus notables quatre délégués pour aller en Palestine afin de mesurer soigneusement les fondations de la sainte maison de Marie à Nazareth. De leur nombre était Dom Alexandre de Giorgio.

Pendant leur absence il se passa un fait qui venait, non pas rendre inutile leur long voyage, mais confirmer d'avance les renseignements qu'ils rapporteraient. Un vieillard, qui était allé en pèlerinage à Nazareth trente ans auparavant, avait conservé de la maison de Marie un souvenir aussi vivant que délicieux. Il revoyait sans cesse cette demeure bénie, il désirait ardemment renouveler son pèlerinage avant de mourir et rendre son fils unique participant de son propre bonheur. En arrivant à Fiume, cet homme apprend tout-à-coup que la domination musulmane rend impossible tout voyage en Palestine. Il renonce à son projet et se joint à la foule qui allait visiter la sainte maison. Quel n'est pas son enthousiasme en reconnaissant la chambre sacrée dans laquelle il avait passé à Nazareth des heures si délicieuses ! « Je la reconnais ! s'écrie-t-il, c'est la maison de Marie ! Oui, oui, c'est bien elle : je l'ai vue d'assez près. » Et, tremblant d'émotion, il se prosterne et adore le Dieu tout-puissant, auteur d'une si grande merveille.

Cependant les délégués du comte Frangipani arrivaient en Galilée et obtenaient des Musulmans, à prix d'argent, une escorte et un sauf-conduit pour se rendre à Nazareth. On leur montra la cathédrale ruinée par les fils du Prophète, puis, à la place de l'ancienne crypte, les fondations de la maison bénie qui avait disparu l'on ne savait comment. Ils se mettent alors en devoir de mesurer avec la plus grande exactitude les murs sacrés et d'en comparer les dimensions avec celles qu'ils apportaient : Nulle différence, pas même la moindre ! Ils examinent les pierres, le mortier : mêmes matériaux qu'à la chapelle de Tersatto ! Ils s'informent minutieusement de l'ameublement de la sainte demeure, de sa configuration, de la date de sa disparition : tout s'accorde pour leur faire dire : « C'est bien la maison de Nazareth qui est maintenant chez nous. » Et ils reprennent le chemin de l'Europe.

En arrivant à Tersatto ils signent sous la foi du serment le procès-verbal rédigé par le comte Frangipani, pour servir de témoignage à la postérité. Le pieux seigneur, ravi de posséder un si précieux trésor, voulut protéger la sainte demeure contre les injures de l'air et lui fit construire un revêtement en bois jusqu'au jour où il pourrait lui donner une église pour reliquaire. Mais ses projets ne devaient pas se réaliser.

A cette époque vivait à Fermo, dans la Marche d'Ancône, un saint religieux de l'ordre des Ermites de Saint-Augustin, Nicolas de Tolentino. Doué de l'esprit prophétique, le Saint se tournait souvent vers l'Adriatique ; il montrait les côtes de Dalmatie, et, en étendant le bras dans la direction de Fiume, il disait : « De là nous « viendra un grand trésor. O trésor précieux ! qu'il me « tarde de le contempler ! » Les vœux de saint Nicolas de Tolentino s'accomplirent dans la nuit du 10 décembre 1294, trois ans et sept mois après l'arrivée de la sainte maison sur la hauteur de Tersatto.

Des bergers italiens, qui veillaient à la garde de leurs troupeaux dans les environs de Recanati, ville de la

Marche d'Ancône, aperçurent tout à coup au milieu de la nuit sombre, une éblouissante lumière qui venait rapidement dans les airs, au-dessus de l'Adriatique. Son merveilleux éclat les remplit de terreur. Tout tremblants, ils suivent du regard la marche de cet étrange météore et finissent par le voir descendre au sein d'un bois appartenant à une dame nommée Lauretta, peut-être à cause des lauriers qui croissaient en abondance dans sa propriété.

Revenus de leur première stupeur, les bergers comprenant qu'il s'est passé en cette nuit-là quelque chose de surnaturel, se rendent dès l'aurore à l'endroit où ils ont vu disparaître la grande clarté.

Qu'aperçoivent-ils? Une maison de modeste apparence autour de laquelle les arbres du bosquet se sont respectueusement inclinés, une maison non pas *fondée*, mais *posée* sur le sol, et en un lieu où ces bergers, enfants du pays, n'ont jamais vu aucune construction.

Aussitôt qu'ils ont reconnu en cette maison un sanctuaire dédié à Marie, ils volent jusqu'à Recanati et annoncent la grande nouvelle. On se porte en foule au bois de la dame Lauretta; on y accourt des contrées voisines; les sentiers se remplissent de gens de tout âge et de toute condition; des malades se font porter à la chapelle et s'en retournent guéris; l'affluence y est telle, de jour comme de nuit, que l'on est obligé d'improviser des huttes et des cabanes pour procurer quelque abri aux pèlerins.

Cependant des voleurs de grand chemin, jugeant cet immense et continuel concours de peuple comme très favorable à l'exercice de leur métier; s'embusquèrent dans les bois pour détrousser et au besoin assassiner les pieux pèlerins de la sainte chapelle. Au bout de huit mois, un beau matin, on s'aperçut qu'elle avait disparu, et bientôt on la vit, à un peu plus d'un quart de lieue de là, au sommet d'une colline, près de la route conduisant à Porto-Recanati.

L'effet produit par ce déplacement se conçoit sans peine : la nouvelle merveille fit accourir les fidèles en plus grand nombre que jamais.

L'endroit où la sainte maison s'était arrêtée appartenait à deux gentilshommes, les comtes Etienne et Simon Rinaldi de Antici. Ces deux frères, alléchés par l'appât du gain, ne consentirent point à partager entre eux les offrandes des pèlerins, et, chacun les voulant accaparer entièrement, ils plaidèrent pour savoir à qui appartiendrait la propriété, jusque-là indivise. La dispute en vint à un tel degré d'acuité que la sainte maison pouvait devenir, d'un moment à l'autre, le théâtre d'un fratricide. De nouveau donc, en décembre 1295, après quatre mois de séjour sur le terrain des comtes Rinaldi, elle disparut, et on la retrouva au milieu de la route de Porto-Recanati que l'on fut alors obligé de détourner pour laisser libre passage aux voyageurs.

Intérieur de la *Santa Casa* (p. 149).

Cette fois, personne ne pouvant plus prétendre à la propriété de l'emplacement de la sainte demeure, toute chicane à son sujet devint impossible.

Dieu, assurément, prévoyait ce qui devait arriver à chacun des changements de position dont nous venons de parler; il en permettait néanmoins les causes afin d'attester d'une manière plus éclatante, par trois translations successives, le prodige de la première, c'est-à-dire celle de Nazareth à Tersatto.

D'après les récits que les voyageurs, venant de Fiume dans le pays d'Ancône, faisaient aux habitants, la maison de Porto-Recanati était bien la même que l'on avait vue en Dalmatie. Ils la visitaient et la reconnaissaient aussitôt : maçonnerie, statue, autel, crucifix, peintures, armoire, rien n'avait subi le moindre changement.

Les magistrats de Recanati jugèrent bon alors d'informer le Pape Bonifiace VIII de ce qui se passait sur leur territoire. Le Souverain Pontife les engagea à envoyer à leur tour des délégués en Palestine, afin de renouveler les comparaisons qu'avaient faites précédemment ceux du comte Frangipani. On réunit aussitôt la noblesse et les notables de la Marche d'Ancône ; l'assemblée désigna seize personnes des plus remarquables par leur vertu et leur prudence, pour aller en Terre-Sainte, en passant tout d'abord par Fiume, où ils devraient recueillir le témoignage des populations.

Quand ils arrivèrent en cette ville, ils prirent connaissance du procès-verbal des quatre délégués d'Illyrie affirmant l'authenticité de la sainte maison; ils apprirent qu'elle avait quitté Tersatto la nuit même que les bergers l'avaient vue traverser l'Adriatique; ils visitèrent enfin la chapelle que l'on avait élevée à la place même qu'occupait la sainte maison, et y lurent cette inscription : *La sainte maison de la Bienheureuse Vierge vint de Nazareth à Tersatto le 10 mai de l'an 1291 et se retira le 10 décembre 1294.*

On mit ensuite à la voile pour la Palestine. Nous ne

raconterons pas ici l'enquête des délégués de Porto-
Recanati. Qu'il nous suffise de dire que le résultat fut de
point en point conforme à celui qu'avaient obtenu les
Dalmates. A leur retour l'enthousiasme des peuples fut
à son comble : il était bien avéré que la maison même
de l'auguste Vierge Marie se trouvait au milieu d'eux.

Les pèlerinages ne discontinuant plus et beaucoup de
pèlerins ne pouvant se décider à quitter la *Santa Casa*,
une ville se forma peu à peu à l'ombre de ses murs sacrés.
Le nom de Lorette lui demeura. C'est la cité de Marie, la
Villa di Maria.

Il nous reste à lui faire une trop courte visite.

Le chemin de fer de Bologne à Ancône y amène les
pieux voyageurs. Depuis Rimini, la voie longe l'Adriatique, magnifique nappe bleue bien plus semblable à un
lac tranquille qu'à une dépendance de l'immense royaume
de la mer. Le matin, à l'aurore et au lever du soleil sur
les flots, le trajet est tout simplement enchanteur.

Longtemps avant d'arriver à Lorette, on aperçoit à
l'horizon le dôme de la basilique servant de reliquaire à
la *Santa Casa,* et, naturellement, c'est la magnifique coupole qui apparaît tout d'abord, étincelante de lumière,
aux regards du pèlerin. Dès lors celui-ci oublie les
splendeurs du paysage qu'il traverse ; son unique préoc-
cupation est de rechercher la Sainte Maison de Marie
que vient de temps en temps lui dérober quelque montagne couronnée d'un bosquet ou d'une antique cité.

Enfin voici la ville, avec ses bastions et ses remparts
qui la font ressembler à un immense château fort, au-
dessus duquel s'élèvent les imposantes constructions de
la basilique consacrée à la Reine du Ciel, à celle que
l'Eglise catholique regarde à bon droit comme sa forte-
resse inexpugnable.

Abandonnant sans regret le convoi qui emporte les
voyageurs vers Brindisi, le pèlerin gravit la colline de
Lorette et bientôt il arrive à la *Porta Romana.* Après
avoir traversé la *place des Coqs,* toujours occupée par

quelques bandes de paresseux en guenilles, l'on parvient à la place principale de la cité Lauretane, la place de la Madone.

A droite s'élève le magnifique palais apostolique bâti par les Pontifes romains ; à gauche, le collège Illyrien, où de jeunes lévites, venus de Dalmatie pour se préparer au sacerdoce, sous les regards de la Mère de Dieu, lui forment une garde d'honneur, tout en la suppliant peut-être secrètement de repasser l'Adriatique et de fixer de nouveau son séjour dans leur patrie.

Sur le parvis de la basilique se dresse une statue colossale du Pape Sixte-Quint, le grand bienfaiteur de Lorette, assis là comme pour dire au pèlerin : « Sois le bienvenu, entre sans crainte ; c'est ici la maison que tu cherches, la demeure du Verbe incarné et de Marie, sa Mère. »

Obéissant à la muette invitation du Pontife, le fidèle s'avance, avec émotion et respect, vers la superbe cathédrale qui occupe le fond de la *piazza della Madonna.*

Trois grandes portes de bronze, véritables chefs-d'œuvre, donnent entrée dans cette insigne basilique qui, commencée en 1468, ne fut achevée qu'en 1538. Elle succéda, comme bien l'on pense, à une autre moins somptueuse ; car, aussitôt que la sainte maison parut définitivement fixée à Lorette, on s'empressa de l'abriter dans un temple que les Pontifes romains, les rois et les peuples aimèrent à enrichir des dons les plus précieux.

La basilique Laurétane affecte la forme d'une croix latine ; elle a trois nefs ; l'abside contient huit chapelles et les bas-côtés en renferment douze qui conduisent, comme par une avenue triomphale, à la sainte demeure située sous la splendide coupole occupant le centre de la croix. La *Santa Casa* n'apparaît point sous les humbles dehors qu'elle présentait à son arrivée en Italie : elle est revêtue d'un très beau marbre blanc de Carrare, qui enchâsse ses murs sacrés sans pourtant les toucher,

comme on le voulait primitivement, afin sans doute
d'assurer la solidité du saint édicule. Ce précieux revêtement, tout chargé de sculptures et de bas-reliefs admi-
rables, s'est écarté des murs en laissant partout un vide
d'environ douze centimètres, vide que l'on peut constater
en introduisant une bougie dans les endroits où les blocs
de marbre se sont un peu disjoints.

La sainte maison se trouve donc dans la position même
où la placèrent les Anges, sur le sol poudreux de l'ancienne route de Porto Recanati, sans aucuns fondements,
sans aucun appui. Toutes les fois qu'il a été besoin, pour
une cause ou pour une autre, de pratiquer des excava-
tions au pied des murs, on a pu constater le prodige : on
a trouvé, au-dessous de ces saintes murailles, à la sur-
face de la terre, de petits cailloux comme il s'en rencontre
sur les chemins ; un buisson épineux, planté au bord de
la route et qui s'était trouvé pris sous l'édifice ; des
cupules de glands, même une coquille de limaçon et une
noix sèche ont été ramassées sous la maçonnerie ; enfin
on a pu en retirer une poussière en tout semblable à
celle que le vent balaie sur les grandes routes. En quelques endroits l'inégalité du terrain permettait de faire
passer sous les murailles des rameaux, des bâtons, même
le bras d'un homme.

Pénétrons maintenant dans ce sanctuaire, le plus
auguste qui soit au monde (1). Trois portes donnent
accès dans la sainte maison de Marie ; mais aucune des
trois n'est celle par où passèrent tant de fois le saint
Enfant Jésus, sa divine Mère et saint Joseph, son gardien
et père nourricier : Clément VII ordonna que la porte
primitive fût murée, par respect pour la sainte Famille,

(1) Voici l'inscription que l'on peut lire sur les portes de la *Santa Casa :*
« Que ceux qui sont impurs tremblent d'entrer dans ce sanctuaire. Le monde
« entier n'a rien de plus saint. Cet édifice est plus sacré que la Basilique
« même de Saint-Pierre, le prince des Apôtres. C'est ici que le Verbe fut
« fait chair et que naquit la Vierge-Mère. De l'Ouest où le soleil se
« couche, à l'Est où il sort des eaux, aucun lieu n'est plus saint que
« celui-ci. »

et il en fit ouvrir trois nouvelles afin de faciliter la circu-
lation des pèlerins. La place de la première porte est très
reconnaissable au linteau de cèdre enchâssé dans la maçonnerie qui, à l'intérieur de la *Santa Casa*, apparaît aux
regards sans aucun revêtement ; de telle sorte que l'on a
le bonheur de baiser avec respect ces pierres si souvent
touchées par le Dieu fait homme, par l'immaculée Vierge
Marie et son saint Epoux, le charpentier de Nazareth.

Cinquante-deux lampes brûlent jour et nuit dans la
Santa Casa et donnent un aspect de grandeur à l'humble
habitation.

« Le premier objet qui frappe les regards du pèlerin
à son entrée dans la sainte chapelle, c'est la statue de
Marie, sculptée par saint Luc et demeurée intacte après
bientôt dix-neuf siècles. « Sa hauteur n'est que de 0^m 93.
Elle est revêtue d'une longue robe qui descend jusqu'au
bas de son piédestal, en mémoire de la robe dont les
chrétiens de Nazareth la couvrirent et qui avait appar-
tenu à Marie elle-même. Cette insigne relique était
encore à Lorette en 1797 ; elle a été perdue pendant la
Révolution française. Une partie de cette robe ayant été
recouvrée se conserve dans l'armoire placée à la droite
de la Vierge de Lorette.

« Non contents de piller le sanctuaire, les soldats de la
Révolution emportèrent l'image à Paris. Les serviteurs de
Jésus et de Marie, en France, sentirent le besoin de réparer
de leur mieux cet outrage. Lorsque, à la prière du Pape, la
Vierge de Lorette, retirée du musée profane et rendue
au culte, fit son entrée triomphale à Notre-Dame de
Paris, elle fut exposée pendant trois jours à la vénération
d'un grand nombre de chrétiens venus pour protester de
leur amour et lui faire amende honorable. Au lieu
des pierreries qui avaient été dérobées, elle trouva alors
pour orner sa couronne, des joyaux vivants, des cœurs
pleins de tendresse et des larmes plus précieuses à ses
yeux que les diamants disparus.

« Dès que la vénérable statue, en route pour regagner

son sanctuaire, fut arrivé à Rome, le Pape la revêtit
d'une robe précieuse, et couronna la tête de la Mère et
celle de l'Enfant de deux diadèmes d'or enrichis d'émeraudes et de perles. Il ajouta à cette parure un collier de
perles séparées par de petits boutons d'or au milieu
desquels brillait une topaze du Brésil enchâssée dans une
rose d'émeraudes. Toute la population de Rome vint la
vénérer pendant trois jours dans l'église de *San Salva-
tore in Laura*.

« La restitution de la sainte image causa une grande
joie à Lorette ; elle fut placée de nouveau dans la niche
où elle apparaît aujourd'hni couverte d'ornements magnifiques.

« La sainte statue de la Vierge de Lorette est éblouissante de pierres précieuses : l'or, les perles, les diamants
brillent de toutes parts sur la tête, les vêtements et les
bandelettes de velours. Pendant la semaine-sainte la
Madone de la *Santa Casa* a aussi ses jours de deuil ; elle
quitte alors sa robe splendide pour prendre un voile de
gaze noire. Ce voile est ensuite découpé en une infinité
de petits morceaux qu'on applique sur des images de la
Vierge de Lorette avec le sceau de la sainte maison et la
signature d'un des custodes.

« Le jeudi et le samedi saints la statue sacrée est placée
sur l'autel de la *Santa Casa*. On voit alors qu'elle est
taillée dans un tronc de cèdre et enduite de plâtre portant
des traces de couleurs. La Vierge est revêtue d'une robe
flottante, serrée par une ceinture et que recouvre par
derrière un manteau. La robe est si longue qu'on ne peut
voir que la pointe des pieds. Il est permis aux fidèles de
s'approcher de l'autel et de baiser les pieds de la sainte
image (1). »

L'autel de la *Santa Casa* renferme celui qui fut consacré par saint Pierre et sur lequel les Apôtres ainsi que
leur chef ont dû bien des fois célébrer le très saint sacri-

____

(1) *Lorette, le nouveau Nazareth,* par M. GUILLAUME GARRAT.

fice de la messe. Le soubassement de cet autel si vénérable est fait de pierres calcaires et la table, d'une seule pierre d'un gris foncé. Une ouverture pratiquée dans l'autel actuel permet d'apercevoir celui des saints apôtres.

Du côté de l'évangile, près de l'autel, s'ouvre l'armoire de la Sainte Vierge ; elle a 0ᵐ 78 de hauteur, 0ᵐ 58 de longueur et 0ᵐ 34 de profondeur. Elle est partagée en deux compartiments superposés, par une planche de cèdre qui pénètre dans l'intérieur de la muraille, et elle contient deux petites écuelles ou tasses qui ont servi à la Sainte Famille. On fait des fac-simile de ces saintes Ecuelles, et, dans la pâte qui les compose, on a soin d'introduire un peu de poussière recueillie des murs de la *Santa Casa* au moment du service de propreté. Les pèlerins sont heureux d'en emporter chez eux, comme un précieux souvenir de Lorette.

Dans le mur de l'est existe une autre petite armoire renfermant aussi une écuelle qui serait celle dont se servait le plus souvent le saint Enfant-Jésus ; les fidèles se plaisent à y déposer des chapelets et des médailles avant de les faire bénir.

Du côté de l'épître, près de la petite niche où l'on met les burettes, on voit une pierre scellée avec une sorte de grille en cuivre. Cette pierre, bien que pareille à toutes les autres, a une histoire qu'il faut placer ici :

En 1562, Jean Suarez, évêque de Coïmbre, en Portugal, ayant fait construire dans son diocèse une chapelle sur le modèle de celle de Lorette, voulut y introduire au moins une pierre extraite de la *Santa Casa*. Le chapelain du prélat en prit une, et l'apporta à Trente où se tenait alors le Concile général ; mais ce ne fut pas sans difficultés : dans son voyage, il subit toutes sortes d'avanies et de fâcheux accidents ; il semblait poursuivi par une puissance vengeresse. Il raconta à son maître tous les ennuis que cette petite pierre lui avait coûtés. L'évêque ne prit pas garde à ce récit et, tout heureux de posséder cette précieuse relique, il repartit pour sa ville épiscopale. Toutefois il n'y rentra qu'au prix des plus grandes difficultés, et à son retour il tomba si gravement malade que les médecins se déclarèrent incapables de le sauver. La pensée lui vint alors de restituer au sanctuaire de Lorette la pierre qu'il en avait fait enlever, et il délégua son chapelain pour

aller opérer cette restitution. Aussitôt que la pierre fut remise à sa place, l'évêque de Coïmbre recouvra la santé. Un compte-rendu détaillé de tous ces faits fut envoyé par lui au Pape, et on le conserve dans les Archives du Vatican.

La sainte maison de Marie est inviolable : personne n'a pu prendre impunément ni une de ses pierres, ni une parcelle de son mortier. A hauteur d'homme, ces pierres

La Vierge Laurétane (p. 150).

sont luisantes et polies, mais c'est uniquement par les lèvres des pieux pèlerins : on n'y touche jamais ni pour les gratter, ni pour en détacher des fragments. Remarquons toutefois qu'aucun châtiment n'est arrivé lorsqu'on a pris, à Lorette et à Nazareth, des pierres et du ciment pour les soumettre à l'analyse chimique : Dieu a permis à la science d'établir la parfaite identité des matériaux de la *Santa Casa* et de ses fondements. Si la Providence n'avait pas ainsi protégé la sainte maison depuis six siècles, il est plus que probable qu'aujourd'hui il n'en resterait pas pierre sur pierre.

Quant aux fresques dont on aperçoit quelques restes sur les murs bénis, on se doute bien qu'elles n'existaient pas du temps de la sainte Famille : c'est l'œuvre des chrétiens de Palestine avant la Translation miraculeuse. On y remarque les images de la Sainte Vierge, de sainte Catherine, de saint Georges, de saint Antoine abbé, et aussi de notre roi saint Louis. Cette dernière peinture avait sans nul doute été exécutée par ses ordres et à ses frais, lors de son pèlerinage à Nazareth. Le roi de France était représenté vêtu d'une robe rouge et blanche et d'un manteau de pourpre ; sa main gauche tenait le sceptre, et de sa main droite pendaient des chaînes traînantes rappelant sa captivité chez les Musulmans.

Au XVIIe siècle, ces peintures étaient encore bien apparentes ; aujourd'hui elles sont presque effacées et l'enduit qui les avait reçues s'est détaché en grande partie ; mais elles ont pendant assez longtemps rendu leur témoignage pour que l'on puisse désormais s'en passer.

Après avoir jeté ce rapide coup d'œil sur la *Santa Casa,* le lecteur se demande probablement quelles impressions ressent le pèlerin qui a le bonheur de venir s'y s'agenouiller. Le dernier historien du pèlerinage de Lorette va lui répondre :

« Sublimes sont les moments passés dans cette demeure bénie ! Car alors, aux yeux de notre foi, se déroulent des scènes divinement ineffables. C'est d'abord la naissance de l'Immaculée Vierge, ses premières années et son Annonciation ; ensuite l'enfance et la vie cachée de Jésus, le spectacle incomparable de l'humilité du Fils de Dieu, voilant les splendeurs de sa majesté sous l'extérieur du Fils d'un charpentier. Pourrions-nous ne pas être émus à la vue de sa soumission envers son père nourricier, le voyant travailler sous ses ordres comme un fils aimant et dévoué ?

« C'est au milieu de ces quelques pauvres pierres tirées du roc de Nazareth, que l'*Héritier de toutes choses* fit sa demeure terrestre. Le Verbe, qui créa les cieux d'un mot, se courba ici sur son humble tâche. Celui qui par son souffle pourrait déraciner tous les cèdres du Liban, travaillait, silencieux, ce bois des forêts. Durs travaux ! ... Abaissement et grandeur ! ... Le divin charpentier construisait le cercueil du paganisme, d'où est sorti l'homme ressuscité et transformé.

« Combien il est touchant de considérer notre adorable Rédempteur prenant sa part de repos au foyer domestique, à la fin d'une longue journée de travail ! ... de voir Marie préparer un modeste repas pour son Fils et son époux ! ... Ensemble ils se mettent à table comme les trois anges sous la tente d'Abraham. Oh ! les doux entretiens de la Sainte Famille ! Oh ! l'union parfaite de ces cœurs ! Suivez les regards de Jésus, contemplez son divin sourire, entendez ses paroles ! Combien il leur témoigne d'amour filial ! avec quelle bienveillance il leur ouvre les trésors de son cœur ! Les âmes de Marie et de Joseph sont inondées d'un bonheur inexprimable. Une telle joie ne peut être comparée qu'aux délices du paradis. Celui qui est la félicité des anges et des saints faisait de cette demeure un second ciel.

« Heureux les chrétiens qui savent faire revivre les scènes sublimes dont cette maison a été le théâtre ! Bénis les cœurs qui aiment à suivre les traces de Jésus, Marie, Joseph dans cette humble habitation si divinement illustrée par leurs exemples !

« La maison de Marie nous est donnée pour nourrir notre âme des souvenirs qu'elle rappelle.

« Toutes les actions de la Vierge Immaculée sont une lumière pour notre esprit, et c'est une grâce précieuse pour tous ceux qui visitent la sainte Maison de pouvoir là, sur le lieu même, regarder Marie remplissant ses devoirs avec tant de perfection.

« Pour honorer les travaux domestiques de Marie, on a vu des princesses demander la permission de *balayer à genoux* la Santa Casa de Lorette. Quel sujet d'édification que de contempler Marie occupée des soins du ménage ! Une foi vive dans le Dieu qu'elle sert relève ses plus petites actions ; tout ce que fait l'auguste Vierge est animé d'un souffle divin par son ardent amour. Tandis qu'elle s'occupe aux humbles travaux de sa maison et que ses doigts manient le fuseau, rappelant à son esprit les paroles de Jésus, sagesse éternelle, elle les médite dans son cœur.

« Marie, si simple dans les détails de sa vie ordinaire, est ravie à la plus haute contemplation : ses actes d'adoration surpassent ceux des séraphins ; son cœur est l'*Encensoir du Saint-Esprit*.

« Reconstituons par la pensée l'oratoire de la Mère de Dieu. La petite lampe répand une lueur mystérieuse. Marie est en prières, tournée vers Jérusalem. Son long voile descend jusqu'aux genoux ; ses mains et ses yeux sont élevés vers son Père céleste ; son visage s'illumine d'un rayon divin. On voit dans toute sa personne une image de son âme ; la grâce de son Immaculée Conception lui a donné une beauté qui n'est pas de cette terre ; on respire en sa présence l'athmosphère du paradis, dont elle va être la Reine. Sur les ailes de l'amour, son âme est transportée dans le séjour de la béatitude ; ses yeux semblent voir à découvert les splendeurs de la Divinité ; elle se perd dans la contemplation de Dieu !

« Marie en oraison dans la maison sainte, quelle scène capable de ranimer la ferveur des pèlerins de Lorette !

Unissons nos prières et nos méditations à celles de la Mère de Dieu pendant tout son séjour dans ce paradis terrestre.

« Représentons-nous Marie entendant la sainte Messe après l'Ascension de son divin fils. Le centre de la maison, sorte d'oratoire, permettait aux Apôtres de célébrer l'auguste sacrifice. L'Agneau de Dieu était immolé sur l'autel, là où il avait vécu ! Sa mère y était comme au pied de la croix. A ses côtés, la Madeleine, Salomé et d'autres saintes femmes qui s'étaient unies à ses douleurs sur le Calvaire. Le disciple bien-aimé était près de la mère du divin crucifié. Souvent c'était saint Jean lui-même qui accomplissait les fonctions de la sainte liturgie.

« Oh ! combien furent ferventes et saintes les messes célébrées dans cette chapelle ! Avec quel amour Marie saluait son Jésus quand il descendait du ciel sur l'autel de cette maison où elle l'avait chéri si longtemps (1) ! »

Mais il nous faut terminer notre visite à la *Santa Casa*. Nous ne saurions mieux la clore qu'en disant à notre pieux lecteur : « Ce que ces pierres murmurent, venez l'écouter. Pour ne l'oublier jamais, venez à ce sanctuaire où tout nous parle de l'auteur de notre salut et de sa tendre et Immaculée Mère. Venez voir où habitait le divin Fils de Marie ; d'où est sorti le Sauveur du monde pour prêcher les grandes vérités qui ont éclairé nos âmes ; d'où enfin est sorti l'adorable Rédempteur pour consommer à Jérusalem son divin sacrifice !

« Venez à ce sanctuaire que les anges ont transporté pour le rapprocher de nous ; venez et vous y trouverez, au milieu de magnifiques souvenirs, la force et la vie ; vous bénirez le jour où vous êtes allé à la maison de la Sainte Famille ; vous reviendrez de Lorette comme les bergers de Bethléem, *glorifiant et louant Dieu* (2). »

(1) *Lorette, le nouveau Nazareth*, par M. GARRAT.
(2) Ibid.

Oui, pieux lecteur, venez à Lorette. Après y avoir contemplé avec un charme inexprimable les mystères joyeux de Jésus et de Marie, vous descendrez dans la riante vallée de Campocavallo ; bientôt la magnifique basilique de la *Madonna addolorata*, se présentant à vos regards, vous indiquera que vous approchez du modeste sanctuaire où Marie a pleuré pendant dix-huit jours, et où, depuis trois ans, elle se plaît à ouvrir les trésors de grâces dont elle est la dispensatrice. Vous n'entrerez pas tout d'abord dans le temple splendide que la piété des catholiques élève à la Vierge des Sept-Douleurs ; elle n'en a pas encore pris possession ; elle est toujours dans son humble chapelle. C'est là que vous la trouverez, assise au pied de la croix et tenant entre ses bras le corps inanimé de son Jésus ; c'est là que vous pourrez, mieux peut-être que vous ne l'avez jamais fait en toute votre vie, lui dire avec la Sainte Eglise : « Je vous salue, ô Reine, Mère de miséricorde ; je vous salue, ô notre vie, notre douceur et notre espérance ! ... Enfants d'Eve, malheureux exilés, nous élevons nos cris vers vous, gémissant et pleurant dans cette vallée de larmes. De grâce, ô notre avocate, *tournez vers nous vos regards miséricordieux,* et après cet exil, montrez-nous Jésus, le fruit béni de vos entrailles, ô clémente, ô charitable, ô douce Vierge Marie ! »

TABLE DES MATIÈRES

Abbeville, imp. C. PAILLART, Editeur des *Brochures illustrées de Propagande Catholique.*

PRO DEO
ET PATRIA